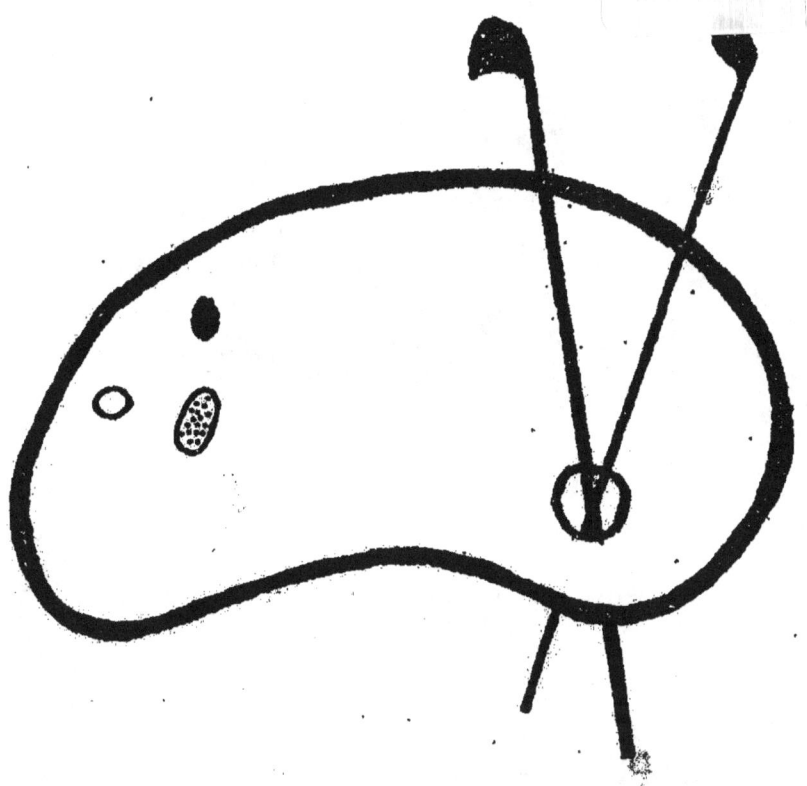

DEBUT D'UNE SERIE DE DOCUMENTS
EN COULEUR

BIBLIOTHÈQUE NATIONALE

MÉMOIRES
DE
BEAUMARCHAIS

TOME V

PARIS
Librairie de la BIBLIOTHÈQUE NATIONALE
L. PFLUGER, Éditeur
Passage Montesquieu, 5, rue Montesquieu
PRÈS LE PALAIS-ROYAL

Le Volume broché, 25 c. Franco partout, 35 c.
CHEZ TOUS LES LIBRAIRES
Et dans les Gares de Chemins de Fer

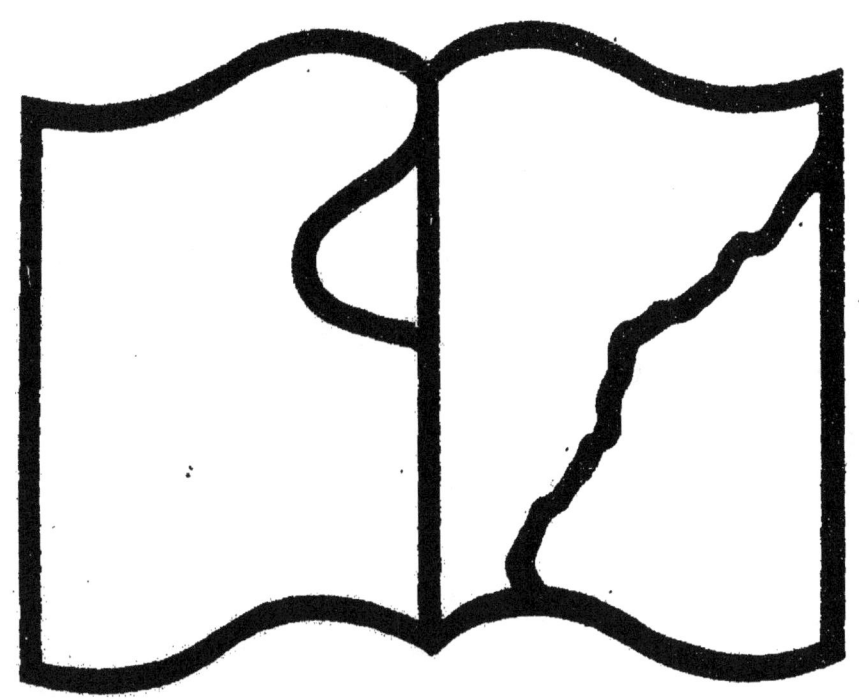

Texte détérioré — reliure défectueuse
NF Z 43-120-11

VALABLE POUR TOUT OU PARTIE DU
DOCUMENT REPRODUIT

Bibliothèque Nationale. — Volumes à 25 c.
CATALOGUE AU 1er JANVIER 1895

Alfieri. De la Tyrannie...... 1
Arioste Roland furieux..... 6
Beaumarchais. Mémoires .. 5
— Barbier de Séville...... 1
— Mariage de Figaro...... 1
Beccaria. Délits et Peines.. 1
Bernardin de Saint-Pierre.
   Paul et Virginie 1
Boileau Satires. Lutrin.... 1
— Art poétique. Epîtres.... 1
Bossuet. Oraisons funèbres. 2
— Discours sur l'Histoire
   universelle.............. 3
Boufflers. Œuvres choisies. 1
Brillat-Savarin. Physiologie
   du Goût 2
Buffon. Discours sur le Style.
   Etude sur l'Histoire naturelle. Les Epoques de la Nature. Sur la Conservation des Forêts........... 2
Byron. Corsaire. Lara, etc. 1
Cazotte. Diable amoureux.. 1
Cervantes. Don Quichotte.. 4
César. Guerre des Gaules.. 1
Chamfort Œuvres choisies. 3
Chapelle et Bachaumont.
   Voyages amusants....... 1
Chateaubriand Atala. René. 1
Cicéron. De la République. 1
— Catilinaires. Discours... 1
— Discours contre Verrès.. 3
— Harangues au Peuple et
   au Sénat............... 1
Collin-d'Harleville. Le Vieux
   Célibataire. M. de Crac.. 1
Condorcet Vie de Voltaire. 1
— Progrès de l'Esprit humain............... 2
Corneille. Le Cid. Horace.. 1
— Cinna. Polyeucte........ 1
— Rodogune. Le Menteur. 1
— Nicomède. Pompée...... 1

Cornélius Népos. Vies des
   grands Capitaines, etc... 2
Courier (P.-L.). Chefs-d'œuvre 2
— Lettres d'Italie......... 1
Cyrano de Bergerac. Œuvres 2
D'Alembert. Encyclopédie.. 1
— Destruction des Jésuites. 1
Dante. L'Enfer............ 2
Démosthène. Philippiques
   et Olynthiennes......... 1
Descartes. De la Méthode. 1
Desmoulins (Camille). Œuvres 3
Destouches. Le Philosophe
   marié. La Fausse Agnès. 1
Diderot. Neveu de Rameau. 1
— La Religieuse........... 1
— Romans et Contes 2
— Paradoxe du Comédien. 1
— Mélanges philosophiques 1
— Jacques le Fataliste.... 2
Duclos. Sur les Mœurs..... 1
Dumarsais. Essai sur les
   Préjugés................ 2
Dupuis. Origine des Cultes. 3
Epictète. Maximes......... 1
Erasme. Eloge de la Folie. 1
Fénelon. Télémaque........ 3
— Education des Filles.... 1
— Discours à l'Académie.
   Dialogues sur l'Eloquence. 1
Florian. Fables............ 1
— Galatée. Estelle........ 1
— Gonzalve de Cordoue.... 2
Foë. Robinson Crusoé..... 4
Fontenelle. Dialogues des
   Morts.................. 1
— Pluralité des Mondes... 1
— Histoire des Oracles.... 1
Gilbert. Poésies 1
Gœthe. Werther........... 1
— Hermann et Dorothée... 1
— Faust.................. 1

Goldsmith. Le Ministre de Wakefield...............	2
Gresset Ver-Vert. Méchant	1
Hamilton. Mémoires du Chevalier de Grammont......	2
Helvétius. Traité de l'Esprit.	4
Hérodote. Histoire	5
Homère. L'Iliade..........	3
— L'Odyssée...............	3
Horace. Poésies...........	2
Jeudy-Dugour. Cromwell..	1
Juvénal. Satires..........	1
La Boëtie. Discours sur la Servitude volontaire.....	1
La Bruyère. Caractères....	2
La Fayette (Mme de). La Princesse de Clèves ...	1
La Fontaine. Fables........	2
— Contes et Nouvelles.....	2
Lamennais. Livre du Peuple.	1
— Passé et Avenir du Peuple	1
— Paroles d'un Croyant....	1
La Rochefoucauld. Maximes	1
Le Sage. Gil Blas..........	5
— Le Diable boiteux.......	2
— Bachelier de Salamanque	2
— Turcaret. Crispin rival..	1
Lespinasse (Mlle de). Lettres choisies)................	1
Linguet. Histoire de la Bastille...................	1
Longus. Daphnis et Chloé...	1
Lucien. Dialogues des Dieux et des Morts.............	1
Lucrèce. De la Nature des Choses.................	2
Mably. Droits et Devoirs...	1
— Entretiens de Phocion..	1
Machiavel. Le Prince......	1
Maistre (X. de). Voyage autour de ma Chambre.....	1
— Prisonniers du Caucase.	1
Maistre (J. de). Soirées de Saint-Pétersbourg........	1
Malherbe. Poésies.........	1
Marivaux. Théâtre........	2
Marmontel. Les Incas......	2
Marmontel. Bélisaire	1
Massillon. Petit Carême ...	1
Mercier. Tableau de Paris.	3
— L'An MMCCCCXL......	3
Milton. Paradis perdu......	2
Mirabeau. Sa Vie, ses Opinions, ses Discours	5
Molière. Tartufe. Dépit, 1 v; Don Juan. Précieuses, 1 v.; Bourgeois Gentilhomme. Comtesse d'Escarbagnas, 1 v.; Misanthrope. Femmes savantes, 1 v.; L'Avare. George Dandin, 1 v.; Malade imaginaire. Fourberies de Scapin, 1 v.; L'Etourdi. Sganarelle, 1 v.; L'Ecole des Femmes. Critique de l'Ecole des Femmes, 1 v.; Médecin malgré lui. Mariage forcé. Sicilien, 1 v.; Amphitryon. Ecole des Maris, 1 v.; Pourceaugnac Les Fâcheux. L'Amour médecin.	1
Montaigne. Essais (1er livre)	1
Montesquieu. Lettres persanes..................	2
— Grandeur et Décadence des Romains............	1
— Le Temple de Gnide....	1
Ovide. Métamorphoses...	3
Parny. La Guerre des Dieux. Le Paradis perdu........	1
Pascal. Pensées	1
— Lettres provinciales	2
Perrault. Contes	1
Pigault-Lebrun Le Citateur	1
— Mon Oncle Thomas.....	2
— L'Enfant du Carnaval...	2
Piron. La Métromanie	1
Plutarque. Vie de César...	1
— Vie de Pompée. Sertorius.	1
— Vies de Démosthène, Cicéron, Caton le Censeur.	1
— Vies de Marcellus, Marius, Sylla................	1

Prévost Manon Lescaut... 1
Quinte-Curce. Histoire d'A-
 lexandre le Grand........ 3
Rabelais. Œuvres.......... 5
Racine Esther. Athalie.... 1
— Phèdre. Britannicus..... 1
— Andromaque. Plaideurs. 1
— Iphigénie. Mithridate.... 1
— Bérénice. Bajazet....... 1
Regnard. Voyages.......... 1
— Le Joueur. Folies....... 1
— Le Légataire universel. 1
Roland (*M*ᵐᵉ). Mémoires.... 4
Rousseau (*J.-J.*) Emile, 4 v.;
 Contrat social, 1 v.; De
 l'Inégalité, 1 v.; La Nou-
 velle Héloïse, 5 vol.; Con-
 fessions 5
Saint-Réal. Don Carlos. Con-
 juration contre Venise.. 1
Salluste. Catilina. Jugurtha. 1
Scarron. Roman comique... 3
— Virgile travesti.......... 3
Schiller. Les Brigands..... 1
— Guillaume Tell......... 1
Sedaine Philosophe sans le
 savoir. La Gageure...... 1
Sévigné (*M*ᵐᵉ *de*). Lettres
 choisies................. 2
Shakespeare. Hamlet, 1 v.;
 Roméo et Juliette, 1 v.;
 Othello, 1 v.; Macbeth,
 1 v.; Le Roi Lear, 1 v.;
 Le Marchand de Venise,
 1 v.; Joyeuses Commères,
 1 v.; Le Songe d'une Nuit
 d'été, 1 v.; La Tempête,
 1 v.; Vie et Mort de Ri-
 chard III, 1 v.; Henri VIII,
 1 v.; Beaucoup de bruit
 pour rien, 1 v.; Jules César 1
Sterne. Voyage sentimental 1
— Tristram Shandy........ 4
Suétone. Douze Césars..... 2
Swift. Voyages de Gulliver. 2
Tacite. Mœurs des Germains 1
— Annales de Tibère....... 2
Tasse. Jérusalem délivrée.
Tassoni. Seau enlevé......
Tite-Live. Histoire de Rome 2
Vauban. La Dîme royale...
Vauvenargues. Choix ......
Virgile. L'Énéide..........
— Bucoliques et Géorgiques
Volney Les Ruines. La Loi
 naturelle ....
Voltaire Charles XII, 2 v.;
 Siècle de Louis XIV, 4 v.;
 Histoire de Russie, 2 v.;
 Romans, 5 v.; Zaïre, Mé-
 rope. 1 v.; Mahomet, Mort
 de César, 1 v.; La Hen-
 riade, 1 v.; Contes en vers
 et Satires, 1 v.; Traité sur
 la Tolérance, 2 v.; Corres-
 pondance avec le roi de
 Prusse...................
Xénophon. Retraite des Dix
 Mille...................
— La Cyropédie...........

Le vol. broché, **25** c.; relié, **45** c.; F°, **10** c. en sus par volume.

Nota. — Le colis postal diminue beaucoup les frais de port 1 colis de 3 kil. peut contenir 38 vol. brochés ou 34 reliés; celui d 5 kil., 65 vol. brochés ou 55 reliés.

Adresser les demandes affranchies à M. L. BERTHIER, éditer passage Montesquieu, r. Montesquieu, près le Palais-Royal, Paris.

Dictionnaire de la Langue française usuelle, de 416 pages
Prix, cartonné, 1 fr.; franco, 1 fr. 20.

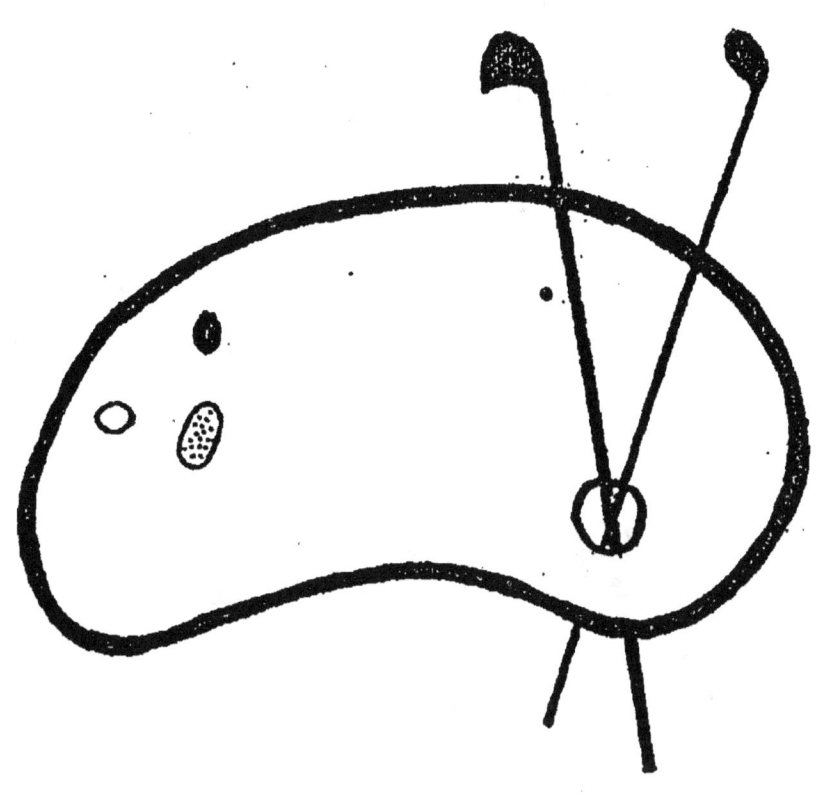

**FIN D'UNE SERIE DE DOCUMENTS
EN COULEUR**

BIBLIOTHÈQUE NATIONALE

COLLECTION DES MEILLEURS AUTEURS ANCIENS ET MODERNES

MÉMOIRES
DE
BEAUMARCHAIS

TOME CINQUIÈME

PARIS
LIBRAIRIE DE LA BIBLIOTHÈQUE NATIONALE
PASSAGE MONTESQUIEU (RUE MONTESQUIEU
Près le Palais-Royal

1898
Tous droits réservés

MÉMOIRES
DE BEAUMARCHAIS

TROISIÈME MÉMOIRE

ou

DERNIER EXPOSÉ

DES FAITS QUI ONT RAPPORT A PIERRE-AUGUSTIN CARON DE BEAUMARCHAIS, DANS LE PROCÈS DU SIEUR KORNMAN CONTRE SA FEMME.

SUITE

Nouvelles preuves des projets du sieur Kornman sur sa femme, tirées toutes de ses écrits. — En faisant l'historique des premiers mouvements d'intérêt que les malheurs de cette dame m'ont inspirés, j'ai dû parler des lettres du mari qui achevèrent de me déterminer.

J'ai dû prouver, en les montrant, que le sieur Kornman ayant désiré de voir son épouse en liaison intime avec un homme qu'il appelait son cher ami, auquel il croyait un crédit propre à rétablir sa fortune, il avait brusquement renversé son ouvrage, et changé son projet en celui de perdre sa femme, à l'instant même où le ministre protecteur de son protecteur était tombé dans la disgrâce.

J'avais cru qu'il me suffisait d'imprimer simplement ses lettres, et, comme ici le ridicule égalait au moins l'infamie, peut-être m'étais-je trop livré à cet ironique mépris, au sourire amer du dédain qu'excite une lourde bassesse. Mais si le ton que j'avais pris déplaisait à quelques personnes, en avais-je moins démontré qu'un mari convaincu d'avoir écrit ces lettres à l'homme qu'il accusait d'avoir séduit sa femme était le plus vil des époux?

Cette tâche remplie, je pensais qu'il ne me restait plus qu'à bien prouver mon dire sur les trois autres imputations qu'ils me faisaient dans leur libelle, lorsque cet imprudent mari, dans sa réplique à mon mémoire, s'est efforcé, sous la plume d'un autre, de donner le change au public, et de pallier sa conduite en prêtant à ses lettres un autre sens que celui qu'elles offrent, en m'accusant de les avoir tronquées, interpolées et transposées, en les appliquant, comme il peut, à une prétendue *intrigue de sa femme avec certain jeune étranger* dont il avait pris, nous dit-il, son nouveau galant pour arbitre; ce qui est très-probable encore.

Or, moi qui ne veux rien laisser à désirer sur ces lettres, parce qu'elles jettent le plus grand jour sur l'homme et sur la cause, et qu'elles jugent le procès, je les transcrirai toutes, sans lacune et dans l'ordre de dates, à la suite de ce mémoire, comme pièces justificatives, telles que j'en ai pris au greffe l'expédition en bonne forme, après les avoir rapprochées du très-imprudent commentaire par lequel on a prétendu les expliquer et les justifier.

Avant de reproduire ces misérables lettres (1), n'oublions pas qu'à leur annonce le premier cri de l'adversaire fut d'imprimer étourdiment ces mots (2) :

Le sieur de Beaumarchais a dit en particulier à plusieurs de ses partisans, qui le répètent avec affectation, qu'il a en sa possession plus de quarante de mes lettres qui prouvent que j'ai été le premier auteur des désordres de mon épouse. Il faut que ces lettres aient été écrites *depuis peu par une personne qui a emprunté ma ressemblance; car je n'en ai aucune idée.*

Emprunter la ressemblance du sieur Guillaume Kornman pour écrire des lettres de lui ! Quel style et quelle défense ! tout est de la même force, et c'est pourtant là du Bergasse !

N'oublions pas non plus (car pour s'entendre il faut poser des bases), n'oublions pas que, dans un écrit postérieur, en date du 27 mai 1787, publié par le même Kornman, pour donner le change au public sur l'infamie du portier chassé de chez moi, qui a trouvé sa place en ce mémoire ; toujours embarrassé des lettres que j'annonce, et dont on l'entretient souvent, nous dit-il, l'époux n'est plus aussi certain qu'un autre ait pris sa ressemblance ; et ces lettres, dont il n'avait d'abord aucune idée, il commence à penser qu'elles peuvent être de lui, puisqu'il « me somme de les faire imprimer, mais toutes entières. « *Je suis bien sûr*, dit-il, que l'ensemble *de mes lettres*, rapprochées des circonstances *où je les ai écrites*, suffira pour détruire de telles imputations (3). »

(1) Ces lettres déposées au greffe pour l'instruction des juges, étant toutes de M. de Kornman, auraient été fort ennuyeuses pour le lecteur ; nous les avons supprimées, comme ne pouvant ni l'instruire ni l'amuser.
(2) *Observations de Kornman*, le 23 mai 1787, p. 3.
(3) Imprimé du 27 mai 1787 par G. K.

Ainsi d'abord ces lettres sont d'un autre; puis, forcé d'avouer qu'elles sont de sa main, il demande qu'on les dépose. Mais il n'a pris ce parti désastreux que parce qu'il savait dès lors que je les avais déposées. Puis, quand je les imprime, quoiqu'il n'ait vu encore aucun original, suffoqué par sa syndérèse, il lui faut boire l'amertume, non-seulement de les reconnaître, mais de les faire expliquer par le précepteur de son fils le moins gauchement qu'il se peut.

C'est cette explication d'un ennemi très-imprudent, d'un écrivain très-maladroit, qui complète ma preuve et va les traduire au grand jour. Je supplie qu'on me suive avec une attention sévère. Chaque fois que je citerai les lettres de l'époux, les accolant à l'explication qu'ils en donnent, je désire qu'on vérifie si je suis net et conséquent. Les phrases de ces lettres, que j'avais laissées en blanc dans mon premier mémoire, sont imprimées dans celui-ci en caractères remarquables, afin qu'on puisse discerner quel motif me les fit omettre comme oiseuses ou comme indécentes, plus souvent encore par égard pour les personnes que l'on y dénigrait.

Je ne me traîne point après lui sur sa déplorable défense; c'est bien assez de le citer partout où je prouve qu'il ment : j'indiquerai seulement les pages, pour qu'on voie si je cite à faux.

O mes lecteurs! si la vérité vous est chère, dévorez encore, je vous prie, l'ennui de cette discussion, vous en retirerez une instruction complète.

Je remarque d'abord qu'en copiant sur mon mémoire les copies de ses propres lettres, il change autant qu'il peut des mots fort importants.

Dans mon mémoire, en parcourant sa lettre au sieur Daudet, du 19 juillet 1780, après ces mots, *nous ne pouvions faire le voyage d'Alsace ensemble*, CELA SERAIT PLUS GAI; et avant ceux-ci, IL NE TIENDRA QU'A MA FEMME D'ÊTRE DE LA PARTIE; on lit cette phrase amicale : *d'un autre côté, votre absence de Versailles pourrait peut-être préjudicier* A NOS *spéculations projetées;* et lui, dans son commentaire, il copie (1) : « *Votre absence de Versailles pourrait peut-être préjudicier à vos spéculations projetées.* » On sent qu'il voudrait éloigner l'idée qu'ils eussent des spéculations communes, parce que cette idée ramène à quelques autres. Cependant j'avais imprimé NOS SPÉCULATIONS PROJETÉES en fortes lettres capitales. Je m'attends bien qu'ils répondront : c'est une faute d'impression; moi, qui les sais par cœur, je dis c'est une faute d'*intention;* j'en vais donner une autre preuve.

A la page 16 de cette réplique, il dit : « Moi négociant, et moi banquier, serais-je coupable pour avoir, sans sortir des bornes de ma profession, *proposé quelques idées utiles au gouvernement* sur des objets de comptabilité qui étaient de mon ressort?

Est-ce offrir des idées utiles au gouvernement que d'écrire à votre cher ami, dans la lettre fâcheuse que vous essayez d'excuser : *Le ministre devrait me faire son banquier particulier, parce qu'étant dans le cas d'avoir toujours une caisse garnie, j'acquitterais tous les mandats... Il me paraît que cet objet pourrait devenir* CONSÉQUENT (2) *pour le prince, surtout si, dans un maniement de passé cinquante millions,* ON PEUT ME LAISSER DE TEMPS A AUTRE QUELQUE FORTE SOMME ENTRE LES MAINS.

Il faut avouer, galant homme! que ces idées pouvaient vous être utiles; mais vouloir dans

(1) Page 12 du second libelle.
(2) Mot impropre et du bas langage, qui se glisse dans les discours, comme je l'ai déjà observé.

vos commentaires qu'elles le fussent *au gouvernement*! Monsieur, on ne peut s'y prêter! Et toujours une altération dans ses copies de mes copies! Il nous transcrit ici la suite de sa lettre; *et moi j'aurai l'agrément de me rendre utile au ministre :* CE QUI PEUT SE TROUVER DANS L'OCCASION. Apparemment pour faire entendre que l'occasion de se rendre utile au ministre *pouvait se trouver* dans le maniement des fonds de la guerre ; ce qui ressemble à quelque dévouement. Mais dans sa lettre déposée et dans mon mémoire (p. 264), on lit ces propres mots de lui : *Et moi, j'aurai l'agrément de me rendre utile au ministre; ce qui peut se retrouver dans l'occasion;* et c'est bien différent ; car le sens de la vraie leçon est qu'en offrant de rendre au ministre un assez coupable service, il demandait pour récompense qu'on lui permît aussi d'abuser pour lui-même des fonds qui lui seraient confiés. Voilà ce que veut dire, *et moi, j'aurai l'agrément de me rendre utile au ministre;* CE QUI PEUT SE RETROUVER DANS L'OCCASION. Et partout il se cite avec cette fidélité, sous la plume fidèle du vertueux Bergasse! Est-ce aussi pour vous rendre utile au *gouvernement* que vous écrivez au sieur Daudet, *de Bâle,* le 13 septembre 1780, l'épître suivante, que j'avais omis de copier, mais qui devient très-importante depuis que le précepteur des enfants s'est chargé de donner un sens à vos lettres?

De Bâle, le 13 septembre 1780.

Il me reste encore à vous parler, MON CHER AMI, de l'adjonction de la place de M. de Biercourt (trésorier de l'Ecole militaire), dont nous nous sommes entretenus avant mon départ de Strasbourg. Je vous dirai qu'il est bien entendu que si la princesse de Montbarrey réussit à me la procurer, je n'en jouirai qu'autant que l'on remplira en même temps les vues bienfaisantes de cette princesse pour les personnes auxquelles elle s'intéresse, et cela pendant le temps que j'occuperai cette place, A L'EFFET DE QUOI JE PASSERAI TELS ACTES qu'il conviendra pour donner toute LA SOLIDITÉ REQUISE à l'engagement que je contracterai; je sais qu'il est essentiel de mettre BEAUCOUP DE DISCRÉTION dans ces sortes d'opérations. Comme je me flatte que vous êtes persuadé que la mienne est à toute épreuve, vous pouvez être assuré QUE L'ON NE SERA JAMAIS COMPROMIS AVEC MOI, etc.

Signé : G. KORNMAN.

Ainsi, monsieur Bergasse! ainsi, véridique écrivain! on pouvait être *compromis* en servant votre ami dans ses *projets utiles au gouvernement*! Je laisse à décider ce qu'on doit le plus admirer, ou la sottise du commentaire après la lecture des lettres, ou la bassesse de ces lettres après leur déplorable explication.

Lorsque j'ai dit de Kornman que tout lui semblait bon pour se procurer une caisse, qu'y trouvent-ils donc à reprendre? N'offre-t-il pas, pour l'obtenir, de payer les mandats du ministre avec le trésor militaire? N'offre-t-il pas, pour l'obtenir, de pensionner les créatures de la princesse, s'il pouvait rendre les protecteurs aussi vils que le protégé? Ne caresse-t-il pas, pour l'obtenir, le cher corrupteur de sa femme? Après les prétendus scandales de Strasbourg, ne le charge-t-il pas du soin de son épouse à Bâle? Et vous nommez cela *des projets utiles au gouvernement*? Lâche époux! vil agent! et misérables raisonneurs! Passons à d'autres faits; craignons surtout de nous appesantir.

En voulant excuser une autre de ses épîtres, il dit (1) : « Je suis fâché de n'avoir pas conservé les lettres du sieur Daudet pour ajouter de nouveaux détails aux explications que je donne. Mais qui pouvait soupçonner qu'après

(1) Page 18 du second libelle.

sept ans une correspondance indifférente me serait représentée et qu'on en ferait la matière d'une accusation contre moi? »

A cela voici ma réponse, et que tout lecteur malveillant la juge avec sévérité.

Le sieur Daudet doit sans doute exiger que vous représentiez ses lettres ; car c'est de cela qu'il s'agit. Certainement aussi, Monsieur, personne ne pouvait soupçonner qu'au bout de sept années on serait dans le cas de vous représenter les vôtres : mais comme c'est vous seul qui faites à votre épouse l'attaque vile et flétrissante qui donne lieu à cette inquisition, c'est à vous seul de justifier, par les lettres du sieur Daudet, le sens que vous prêtez aux vôtres.

Vous dites qu'il était le confident de vos plaintes sur la conduite irrégulière de votre femme avec un autre amant. Interprétation misérable ! en ce que vous supposez à votre femme une première intrigue avec un *jeune étranger* ; laquelle, même bien démontrée, ne servirait qu'à vous confondre, qu'à établir que vous accusez faussement le sieur Daudet de l'avoir corrompue, puisque, selon vous-même, elle l'aurait été d'avance par un autre !

Or, vous saviez, dès 1781, c'est-à-dire à l'époque de ce commerce entre vous et le sieur Daudet, que ce dernier aurait un procès avec vous, puisque vous vouliez le lui faire ; puisqu'à cette époque surtout vous fîtes enfermer votre femme à l'occasion de cet ami Daudet, et nullement à cause d'*un étranger*. Il fallait donc garder ses lettres, et c'est à vous qu'on les demande. Mais, soit que vous les montriez ou non, les vôtres suffiront pour bien prouver votre infamie.

Encore une fois, dit le naïf époux (1), qu'on me juge

(1) Page 18 du second libelle.

et qu'on m'apprenne si, à côté d'une femme jeune, vive et inconsidérée, je pouvais me conduire avec plus de douceur et de prudence.

Non : ce n'est pas d'avoir manqué de *prudence et de douceur* sur les prétendus désordres de votre femme que l'on vous accuse aujourd'hui, mais de venir, après sept ans, après avoir entamé dix rapprochements avec elle, plus perfides les uns que les autres, lesquels sont prouvés au procès, de venir rejeter sur nous, très-étrangers à vos desseins, les fautes que vous reprochez à cette malheureuse victime, et qui, si elles existaient, ne seraient que le fruit de votre conduite cupide, de vos affreux projets sur elle. Et c'est ce que cet examen va prouver jusqu'à l'évidence.

Vous dites (1) *que j'ai cherché à faire illusion, en transposant vos lettres et en dissimulant les circonstances auxquelles elles se rapportent.* Non, véridique époux, je n'ai rien transposé : je n'ai fait aucune illusion ni rien voulu dissimuler. Vous imprimez un gros libelle, dont le but apparent est de prouver qu'un audacieux, il y a sept ans, s'en vint corrompre votre femme ; qu'instruit de tout, vous fîtes les plus grands efforts pour rompre cette union fatale à votre fortune, à votre repos, à votre santé. Et moi, qui compare le libelle à vos tendres lettres d'alors, je trouve qu'il n'y a pas un mot de vrai dans votre hypocrite exposé.

Que devais-je faire pour montrer que vous en imposiez au public, par la plume envenimée du précepteur de vos enfants? N'était-ce pas de copier l'historique du gros libelle ; puis d'aller chercher dans vos lettres, aux mêmes dates que vous citiez, les phrases qui démontrent que vous mentez dans ce libelle; de

(1) Page 19 du second libelle.

transcrire de votre commerce les endroits qui prouvaient le mari bénin, complaisant; puis montrer à quelle intention le fougueux époux d'aujourd'hui s'était fait alors si bon homme? Cette marche était simple et juste et raisonnable. Je la trouve même si bonne, que je vais m'en servir encore pour anéantir vos répliques.

Il faut donc partir pour Strasbourg (1). Si je pars et laisse mon épouse à Paris, L'ÉTRANGER PEUT REPARAITRE (l'étranger était donc absent) et devenir de nouveau pour moi un rival redoutable. Si je l'emmène avec moi à Strasbourg, j'ai aussi, d'après ce qu'on m'a rapporté, beaucoup de choses à craindre du sieur Daudet.

Ce fut très-sagement pensé. Mais quel parti prîtes-vous donc? en vain vous éludez l'aveu; en vain le précepteur l'élude; il faut pourtant qu'il vous échappe. Vous LA MENATES A STRASBOURG, *à ce même Daudet, dont vous aviez beaucoup de choses à craindre!* Ainsi, entre *un jeune étranger absent*, d'autant moins dangereux, eût-il été présent, que, selon votre nouveau système, un autre lui avait succédé dans les bonnes grâces de votre femme : entre un *jeune étranger absent* et cet ami Daudet, qui lui-même à Strasbourg n'était d'aucun danger pour elle, tant qu'elle restait à Paris, vous prenez le noble parti de la conduire sur le point à l'ami Daudet, dans Strasbourg, après l'en avoir prévenu par trois lettres citées dans mon premier mémoire, en date des 19, 24 et 25 août 1780.

Il n'y a ni injures ni outrages qui puissent couvrir de tels faits. Il n'est ni précepteur, ni furie, ni Bergasse, qui puissent ici donner le change.

Mais suivons bien son commentaire. « Ce-

(1) Page 20 du second libelle.

pendant il convient que j'aille rejoindre le sieur Daudet (1). (Il convient, Monsieur! et pourquoi?) Dans cette circonstance difficile, la dame Kornman m'ayant supplié de la conduire a Bale, dans sa famille. » — Vous avait supplié! non pas; le contraire est dans vos épîtres; et nous lisons dans celle du 27 juillet, à l'ami (2) : *Ma femme sera sans doute, maîtresse d'aller à Bâle* : J'AVAIS PROPOSÉ CETTE PARTIE *dans le temps*, parce que je supposais *que cela lui ferait plaisir; je suis toujours dans les mêmes sentiments, etc.*

Qu'en pense le noble écrivain? Sont-ce là les supplications d'une épouse pour qu'on la mène à Bâle dans sa famille? N'est-ce pas, au contraire, l'époux qui l'avait *proposé* lui-même comme *une partie de plaisir?* On va voir à quelle intention!

La dame Kornman m'ayant supplié de la conduire a Bale dans sa famille, je finis par y consentir, mais à deux conditions.

Voyons :

La première, nous dit-on, est la décence recommandée dans ses entrevues avec le sieur Daudet à Strasbourg. — C'est fort bien pensé : mais, Monsieur, elle eût été mieux à Paris.

La seconde, « qu'elle chassera une femme de chambre et un domestique qui l'avaient aidée dans ses intrigues avec le jeune étranger, et que je soupçonnais de l'aider encore dans ses nouvelles intrigues avec le sieur Daudet. » Voyez, lecteur, si je vous cite à faux (3).

Maintenant que vous l'avez lu, ayez la patience de revenir à sa lettre du 27 juillet 1780.

(1) Page 21 du second libelle.
(2) Ibid.
(3) Ibid.

C'est l'époque dont il s'agit; et lisez-y ces phrases si bien concordantes à l'explication qu'il en donne : « *J'ai seulement observé que je ne voudrais pas* FAIRE CETTE PARTIE DE PLAISIR (le voyage de Strasbourg à Bâle) *avec des alentours qui me déplaisent et qui m'ont manqué* (ces alentours sont les valets). SI CEPENDANT MA FEMME VEUT LES GARDER, *elle fera pour lors le voyage seule, et moi j'irai de mon côté;* CAR JE NE VEUX CONTRAINDRE PERSONNE, ENCORE MOINS MA FEMME. (Et plus bas, dans la même lettre :) *A l'égard de la femme de chambre que ma femme veut prendre,* TOUS LES SUJETS ME CONVIENNENT, *pourvu qu'elles aient un peu l'apparence de l'honnêteté. Je sais bien qu'on ne peut pas avoir des vestales; mais il y a toujours une certaine conduite à observer.* ELLE PEUT PRENDRE JUSTINE, QU'ELLE AVAIT, *ou une autre.* TOUT CELA M'EST PARFAITEMENT ÉGAL.

Ainsi, tout ce que l'époux veut, ce n'est point que sa femme ait des domestiques vestales ni qui la gênent dans ses goûts; mais seulement qu'elle ait des servantes discrètes, qui voient tout et ne bavardent point. Voilà comment le mari chassait les intermédiaires *suspects.*

Le lecteur n'oubliera pas non plus que c'est au sieur Daudet qu'il a fait ces détails obligeants.

Mais enfin, l'époux a trouvé dans sa lettre du 24 août cette phrase triomphante : « *Elle prendra une autre femme de chambre et un autre domestique, et, par ce moyen, nous voyagerons ensemble.* » Aussi voyez-le triompher (page 23 du second libelle) :

J'annonçais, dit-il, en donnant cette nouvelle au sieur Daudet, que mon intention n'était, en aucune manière, de favoriser les intrigues de la dame Kornman avec qui que ce fût.

Si, par hasard, vous aviez eu, lecteur, l'inattention de vous laisser surprendre à cette hypocrite colère, reprenez dans sa lettre du 29 juillet 1780, et toujours à M. Daudet, cette phrase que j'avais négligé de copier comme oiseuse :

« *Il me fait grand plaisir d'apprendre que la nouvelle bonne* QUE VOUS AVEZ PROCURÉE A MA FEMME, *soit un si bon sujet.* JE SOUHAITE QU'ELLE LA CONSERVE, *et vous ai des obligations de la lui avoir donnée.* »

Il suit de ce rapprochement qu'à l'époque de juillet et d'août 1780, le mari (dans son commentaire) renvoyait tous les domestiques pour que le sieur Daudet n'eût point d'intermédiaire à lui dans la maison de son épouse; et dans ses lettres, *même époque*, non-seulement sa femme *peut garder les domestiques qu'elle veut*, mais il rend grâce à son ami Daudet d'avoir procuré *une si douce bonne à sa femme*. Il souhaite qu'elle la *conserve et lui en ait l'obligation.*

Combien la lettre *de l'ami*, dans laquelle il dit à l'époux qu'il donne *une bonne à sa femme*, serait curieuse à parcourir! mais l'époux qui la tient se gardera de la montrer! Maintenant vous savez, lecteur, pourquoi le bon mari d'alors ne représente pas ces lettres. Je supplie qu'on redouble ici d'attention et de rigueur pour moi.

Pourquoi le sieur de Beaumarchais n'imprime-t-il qu'une seule de mes lettres à mon épouse? Je lui en ai écrit PLUS DE deux cents. Qu'elle les produise si elle l'ose: qu'elle produise surtout la lettre que je lui ai écrite pendant que j'étais à Spa, et que le sieur Daudet était chargé de lui remettre! Que craint la dame Kornman? Si en effet j'ai favorisé ses désordres, ma correspondance avec elle doit le prouver. Qu'elle fasse donc connaître cette correspondance (1).

(1) Page 24 du second libelle.

Pour réponse à cette bravade, je vais démontrer qu'il est faux que le sieur Kornman ait écrit alors à sa femme *deux cents lettres,* comme il le dit. Je vais prouver qu'il en écrivit cinq, et pas six; que ces lettres sont nulles ou qu'elles le condamnent. Qu'on soit sévère sur mes preuves; j'ai tant été maltraité dans le monde sur cette infâme et ridicule affaire, qu'on doit me pardonner d'avoir quelque plaisir à bien prouver que j'ai toujours raison. Les magistrats sont des années à peser le pour et le contre avant que d'oser prononcer. Le public tranche en dix minutes sur le libelle d'un Bergasse !

Si je n'ai rapporté dans mon premier mémoire qu'une seule lettre de l'époux à sa femme, comme il me le reproche, c'est que je n'avais alors qu'un seul fait à prouver, la bénignité d'un mari, devenu depuis si brutal, et que cette lettre y suffisait.

Aujourd'hui que dois-je établir? Deux faits dont j'ai la preuve en main :

1º Qu'il n'a écrit *que cinq lettres* à sa femme pendant cinquante-quatre jours d'absence ;

2º Que *ces cinq lettres,* loin de montrer un mari grondeur, irrité du désordre qu'il lui impute, sont courtes, vagues, vides ou nulles; arrachées par la bienséance à l'époux qui rougit de son rôle, et qui ne sait comment écrire; enfin, qu'excepté celle transcrite dans mon premier mémoire, où il consent que son épouse *reçoive l'ami Daudet, qui doit la visiter à Bâle,* aucune des autres ne dit rien.

Malgré l'ennui que je vous cause, ô mon lecteur, ne m'abandonnez pas : tout le procès est dans ces lettres, et surtout dans l'explication qu'un fougueux écrivain en donne.

Le 14 juillet 1780, en arrivant à Spa, le confiant époux écrit à son ami :

Je vous accompagne *une petite lettre pour ma femme*, et je vous serai obligé de la lui remettre.

(Donc une lettre.) Comptons bien.

Moi, je n'ai pas cette *petite lettre;* elle seule manque à la liasse. On jugera par les quatre autres de quel ton était celle-là.

Sa lettre du 19 juillet au sieur Daudet montre que, ce jour-là, il n'écrivit point à sa femme; mais le 27 juillet, de Spa, longue épître à son cher ami, et très-court billet à sa femme, en s'excusant *sur sa fatigue*. Voyez de quel style terrible il soutient son ton irrité.

Sous couvert de l'ami Daudet.

Spa, le 27 juillet 1780.

J'ai vu avec beaucoup de satisfaction, ma femme, que nos enfants se portent bien, et que tu aies leur bien-être à cœur; nos sentiments se rencontrent en ceci; et il faut espérer que cela ne sera pas la seule occasion. Je ne répliquerai rien à tout le reste de ta lettre, parce que nous nous sommes suffisamment expliqués là-dessus *(Il esquivait les explications par écrit.)* Je souhaite que tu sois toujours heureuse et contente, et j'y contribuerai toujours par tout ce qui dépendra de moi, sur quoi tu peux compter, ainsi que sur les sentiments que tu me connais.

G. K.

P.-S. — Cette lettre est *un peu courte*, mais je me sens *un peu fatigué*, je réparerai cela à la première occasion.

Ce style gauche et plat nous prouve que le mari n'avait que des compliments à faire, des reproches à éluder, et nul ressentiment à vaincre.

(Déjà deux lettres). Nous marchons.

Le 1ᵉʳ août, de Spa, longue épître *à l'ami Daudet*, où il s'étend comme une gazette sur les froides nouvelles du Nord, et cependant le *P.-S.* contient ces mots : « *Je suis* trop fatigué *pour pouvoir écrire à ma femme, ce sera pour un autre courrier.* »

Le 5 août, toujours de Spa, longue et tendre lettre *à l'ami : il ne veut plus qu'on lui écrive. Il part et compte écrire,* dit-il, *aujourd'hui ou demain à sa femme, pour lui annoncer la même chose.* La lettre est au bout de la plume. Puis, le 12 août, de Bruxelles, autre longue épître *à l'ami*; point de lettre encore à sa femme (car c'est par lui qu'il écrivait). Seulement, à la fin de celle *à son ami*, on lit ce tendre P.-S. :

A l'égard de ma femme, je ne veux que son bonheur DANS TOUTE L'ÉTENDUE DU TERME. *J'espère aussi qu'avec un peu de réflexion elle ne s'y opposera point*, et le 18 août, il était de retour chez elle, puisqu'il écrivit de Paris à son ami, le lendemain 19 : *Je crois que ma femme est intentionnée de faire ce petit voyage* (de Strasbourg).

Nous n'avons encore que deux lettres, et le mari est de retour; il ne quitte plus sa femme à Paris, à Strasbourg, ni à Bâle, que le 13 de septembre, et, dès le lendemain 14, il lui écrit d'Asler, près de Luxembourg : cette lettre est la plus curieuse des cinq; c'est celle où il lui dit que *l'ami Daudet* aura l'attention d'aller *la visiter* à Bâle. L'époux m'a reproché de l'avoir mutilée; mais je vais la donner sans lacune, elle est nécessaire en ce lieu pour compléter la collection. Je prie qu'on examine ce que j'en avais retranché.

A Asler, près de Luxembourg, le 14 septembre 1780.

Je crois, ma femme, QU'IL EST DÉCENT QUE TU REÇOIVES DE MES NOUVELLES, *car mon silence pourrait faire naître des réflexions aux bonnes gens avec lesquels tu te trouves, qu'il n'est pas de notre intérêt qu'ils fassent* (Nous avons dit que ces bonnes gens étaient les parents de sa femme.) *On te demandera, par intérêt pour moi et par curiosité, si je t'ai écrit, et tu pourras par ce moyen satisfaire à toutes ces demandes* (1). Je me trouve dans un chemin de traverse, arrêté dans un mauvais village, parce qu'il y a quelque chose de cassé à ma voiture : je continuerai le plus vite qu'il me sera possible ma route vers la Flandre et Aix-la-Chapelle, d'où je te donnerai de mes nouvelles ultérieures. (Fallait-il faire tant de bruit pour une pareille omission?) *Fais mille compliments à tes parents et à Daudet, si tu le vois*, CAR JE SUPPOSE *qu'il pourrait bien, dans ses petits voyages*, AVOIR L'ATTENTION DE TE FAIRE UNE VISITE ; JE LUI ÉCRIRAI DEMAIN. *Je fais passer la présente par Strasbourg*, POUR QU'ON VOIE *que nous sommes en correspondance ensemble. Tu pourras également, si tu avais quelque chose à me faire dire, adresser tes lettres pour moi à Vachter ;* CELA NOUS DONNERA UN AIR D'INTELLIGENCE *qui fera bon effet sur l'esprit de certaines personnes. Je suis toujours avec les sentiments que tu me connais,*

G. K.

Voilà *trois lettres* constatées ; mais nous sommes loin de deux cents.

Et le 22 septembre, de Bruxelles, autre court billet à sa femme. Des reproches? il n'en fait aucun. De colère? on n'en voit pas l'ombre. Les plus doux encouragements, une complaisance sans bornes, et ma preuve marche assez bien. Mais il faut copier le billet. (*Toujours le même bon mari.*)

Bruxelles, le 22 septembre 1780.

JE N'AI PAS UN MOMENT A MOI, ma femme, POUR TE DONNER DE MES NOUVELLES ; j'ai toujours été en course ou en négociation ; j'ai passé par Spa ; mais, comme tu VOIS, JE N'Y AI POINT PRIS RACINE : mon frère m'ayant fait sentir qu'il est essentiel pour nos affaires que je passe par Paris, je me suis déterminé à prendre cette route, je ne m'y arrêterai que deux ou trois jours ; je prendrai ensuite la route de Bâle, où tu ne tarderas pas à me voir : je souhaite trouver tout le monde bien portant, ainsi que les enfants. Mille compliments

(1) Les phrases en caractères romains étaient omises dans mon premier mémoire.

à tes parents ; JE N'AI PAS UNE MINUTE A MOI, et je n'ai que le temps de te dire que je suis toujours, avec les sentiments que tu me connais, G. K.

Remarquez bien ces mots, lecteur : « *je n'ai pas eu un moment à moi pour te donner de mes nouvelles ; j'ai toujours été en course ou en négociation.* (Donc il n'y a point eu de lettre entre le 14 septembre et ce jour.) *J'ai passé par Spa,* MAIS, COMME TU VOIS, JE N'Y AI POINT PRIS RACINE. » Apparemment la jeune épouse lui avait fait quelque reproche qu'il se garde bien de montrer, sur la longueur de son premier séjour à Spa. Mais c'est l'affaire de l'épouse de nous dévoiler ces mystères. (Ainsi quatre lettres à sa femme.) Lecteur, nous touchons à la fin.

Enfin, une cinquième de Paris, du 26 septembre, et toujours le même embarras.

Paris, le 26 septembre 1780.

J'espère, ma femme, que mes précédentes lettres te seront bien parvenues : tu y auras vu que des affaires instantes ont engagé mon frère à me presser de venir à Paris ; j'y ai satisfait, quoique cela m'ait contrarié, et j'y suis arrivé hier ; je suis extrèmement occupé de différents objets ; je ne m'arrêterai cependant que peu de jours pour prendre la route de Bâle, où je ne tarderai pas d'arriver. JE SUIS SINGULIÈREMENT FATIGUÉ de toutes ces courses ; LE TEMPS ME PRESSE, et il ne me reste que celui de te réitérer que je suis toujours avec les sentiments que tu me connais, G. K.

Mes compliments à ta famille.

Le bon mari n'écrivit plus : sous huit jours il était à Bâle, d'où il amena sa femme à Paris ; CAR SON AMI DAUDET L'ATTENDAIT DANS LA CAPITALE.

Ainsi *cinq lettres* seulement, bien courtes et bien comptées, pendant cinquante-quatre jours d'absence, trente-six dans son voyage à Spa, et dix-huit jours après l'avoir menée à Bâle. Il était déjà clair pour nous qu'on n'écrit pas deux cents lettres en cinquante-quatre jours, écrivît-on à une maîtresse : jugez donc quand c'est à sa femme, que l'on croit maîtresse d'un autre.

Dans ces *cinq* lettres bien prouvées, on voit que cet époux, qui se donne pour si sévère *dans ces deux cents prétendues lettres*, n'était qu'un plat mari, honteux de sa très-honteuse conduite.

On sent toujours son embarras : deux mots par décence, et c'est tout. On voit qu'il a peur d'en trop dire, car des lettres sont des témoins. Quand il peut s'excuser d'écrire, il saisit le moindre prétexte. Un jour, il *est trop fatigué*; un autre, *il écrira demain*; un autre jour, *le temps le presse ; il n'a pas un moment à lui*. Dans sa lettre de Spa, du 29 juillet, honteux même de ne pas répondre aux explications que sa femme lui demande, *je ne répliquerai rien*, dit-il, *à tout le reste de la lettre, parce que nous nous sommes suffisamment expliqués là-dessus*. C'est l'épouse ici qui reproche, et l'époux qui fait le plongeon ; et cependant voyez toutes ces lettres des mêmes dates *à son ami Daudet*, comme elles sont chaudes, vives et pleines ; le cœur abonde en sentiment ! plusieurs ont trois ou quatre pages.

A ces cinq lettres bien comptées (et c'est le compte du mari, à cent quatre-vingt-quinze près) il est inutile d'ajouter son commentaire sur sa lettre scabreuse à sa femme, du 14 septembre, où il dit :

Fais mille compliments à Daudet si tu le vois, CAR JE SUPPOSE qu'il pourrait bien dans ses petits voyages AVOIR L'ATTENTION de te faire une petite visite. Je lui écrirai demain.

Cette lettre est fâcheuse ; on voudrait pourtant l'expliquer ; car M. Kornman est d'avis qu'en pareil cas il vaut mieux dire une sottise que de ne point parler du tout. Le précepteur Bergasse nous semble aussi de cet avis. Or, voyons comment ils s'en tirent (p. 24 du deuxième libelle) :

> Il (Daudet) m'avait écrit qu'en effet, devant aller dans le voisinage de Bâle, il se proposait de lui faire UNE SEULE VISITE.

Il avait écrit UNE SEULE ? Montrez-nous donc la lettre où il restreint *son attention* pour votre femme à ne lui faire *qu'une seule visite à Bâle* ! ce style est si probable dans l'hypothèse que vous posez, qu'on est très-curieux de la lire. « Or, je ne croyais pas (ajoute l'ingénu mari, ajoute le bon précepteur) que cette visite fût bien dangereuse, la dame Kornman étant avec ses enfants, au milieu des siens. »

Au milieu des siens, dites-vous ? c'était là le motif de votre sécurité ? Eh ! mais, Monsieur, oubliez-vous *qu'elle était logée à l'auberge où vous l'aviez mise vous-même*, et non chez l'un de ses parents ? N'avez-vous donc pas imprimé (p. 10 du premier libelle) :

> Je n'eus pas besoin en arrivant (à Bâle) de faire de grandes informations sur la conduite de la dame Kornman ; à peine fus-je descendu DANS L'AUBERGE OÙ ELLE LOGEAIT, qu'on m'apprit que le sieur Daudet y était venu plusieurs fois de Strasbourg ; QU'IL Y AVAIT PASSÉ DES NUITS AVEC ELLE.

Or, quand vous invitiez cet ami *d'avoir l'attention*, pour tous trois, *d'aller la visiter* à Bâle, il est donc vrai, Monsieur, que, loin d'être chez ses parents, *elle était logée à l'auberge où vous l'aviez mise vous-même*, où chacun a droit de descendre, de passer le temps qu'il lui plaît ! Vous auriez bien pu vous douter que, dans ces logements publics, on n'a jamais de surveillants ; *ces visites qui*, dites-vous, *ne vous semblaient pas dangereuses*, devaient donc, au contraire, vous le sembler beaucoup, surtout de la part d'un galant tel que celui que vous peignez! Cependant vous l'aviez invité *d'avoir l'attention d'y aller!* vous aviez écrit à votre femme que *vous supposiez qu'il n'y manquerait pas.* Etes-vous pris dans votre piège, lâche époux, vil agent, et misérables raisonneurs?

Tous mes amis se réunissent pour me prescrire le ton grave. Mais peut-on se refuser au léger sourire du dédain en voyant la bassesse trompée, et l'embarras d'un hypocrite époux, qui, malgré le ton prédicant d'un défenseur plus hypocrite encore, ne peut plus prononcer un mot sans dévoiler sa turpitude? Il nous rappelle un charlatan connu, voulant toujours vendre sa femme, et toujours prêt à être en fureur contre qui l'aurait escroquée. Achevons le portrait du nôtre.

Enfin, vous croiriez, à l'entendre, qu'après tous les renseignements reçus à Paris, à Strasbourg et à Bâle sur les désordres de sa femme, il a chassé le corrupteur à son arrivée à Paris, et n'a pas différé d'un jour; et vous le croyez d'autant plus, que ce mari, dans son second libelle, établit ainsi sa conduite :

De retour à Paris, connaissant enfin l'intrigant auquel j'ai affaire, je fais sentir au sieur Daudet combien sa présence m'est importune, etc. (1).

Mais moi, qui tiens l'expédition timbrée, que j'ai tirée du greffe criminel, de toutes ses lettres déposées, j'y trouve, à la date du 14 novembre 1780 (c'est-à-dire deux mois après son séjour à Bâle), une lettre au *sieur Daudet*, commençant par ces mots : *Vous trouverez,* MON CHER AMI, *sous ce pli, le modèle de l'engagement en question,* etc.

Eh quoi! toujours MON CHER AMI! au corrup-

(1) Page 26 du second libelle.

teur avéré de sa femme! deux mois après le séjour de Bâle!

En honneur, ce second libelle est plus menteur que le premier! et partout la même logique.

J'ai combattu, j'ai démasqué, dans d'autres procès qu'on m'a faits, des lâches d'une étrange espèce; mais jamais aucun d'eux ne s'est vautré, comme ceux-ci, dans la fange d'une telle défense.

RÉSUMONS NOS DEUX PLAIDOYERS

Le sieur Kornman vous dit que j'ai tronqué toutes ses lettres pour en détourner le vrai sens. Moi, je les donne toutes entières pour qu'on en voie le vrai sens.

Il dit que je les ai méchamment transposées pour en faire prendre une fausse interprétation. Moi, je les transcris à leur date, et de suite, pour qu'on s'assure bien que je n'y ai mis aucun fard.

Il dit avoir écrit plus de deux cents lettres à sa femme; il nous défie de les montrer. Moi, je prouve qu'il n'en a écrit que cinq, et non pas six. J'en transcris fidèlement quatre qui donnent le ton de la cinquième.

Il dit que ces lettres étaient sévères, celles d'un époux irrité. Et moi, je prouve, en les montrant, qu'elles sont les lettres d'un mari honteux de sa conduite et de ses indignes projets.

Il dit que sa femme *l'a supplié de la conduire à Bâle chez ses parents*. Et moi, je prouve, par sa lettre du 27 juillet 1780, que c'est lui qui a proposé ce voyage *comme une partie de plaisir*, et pour la conduire à Strasbourg, où séjournait le sieur Daudet.

Il dit qu'il avait mis pour condition rigoureuse au voyage de sa femme, *qu'elle chasserait les domestiques qui favorisaient son intrigue avec le sieur Daudet.* Et moi, je prouve, par sa même lettre du 27 juillet, *à l'ami*, que non-seulement il l'a laissée maîtresse de garder ses anciens valets ou d'en prendre d'autres à son choix, mais qu'il rend grâces au sieur Daudet *d'avoir procuré une si douce bonne à sa femme.*

Il dit qu'il la menait chez ses parents à Bâle pour la préserver de Daudet. Et moi, je prouve, par ses lettres du 19, 24 et 25 août 1780, que Bâle n'était qu'un prétexte pour la mener à Strasbourg ; car Strasbourg n'est point la vraie route de Bâle, en venant de Paris : on fait trente-deux lieues de plus si l'on veut passer par Strasbourg.

Il dit qu'il l'a conduite à Bâle, outré de ses scandales avec Daudet à Strasbourg. Et moi, je prouve, par sa lettre à sa femme, du 14 septembre 1780, qu'il a prié ce même Daudet d'avoir la délicate ATTENTION *d'aller* LA VISITER *à Bâle*, après les scandales de Strasbourg.

Il dit qu'il devint furieux quand il apprit à Bâle, à son retour, que le sieur Daudet y était venu de Strasbourg, et avait passé des nuits avec elle. Et moi, je prouve, par sa lettre du 13 septembre, DE BÂLE, *à son ami Daudet*, que, loin qu'il en soit furieux, il lui écrit bien tendrement qu'il a laissé sa femme à sa merci.

Il dit ensuite, par un nouveau galimatias, *que les visites de son ami cher n'étaient point dangereuses à sa femme, parce qu'elle était chez ses parents à Bâle.* Et moi, je prouve, par son premier libelle (p. 10), qu'*il l'avait logée à l'auberge* pour qu'elle y fût plus à son aise. Or, dans l'hypothèse du libelle, l'auberge était très-dangereuse.

Enfin, il dit qu'à son retour à Paris il a fait connaître à Daudet *que ses visites l'importunaient.* Et moi, je prouve, par sa lettre au sieur Daudet, du 14 novembre suivant, qu'il l'appelait *son cher ami*, deux mois après le séjour de Bâle et les prétendues nuits avérées.

Dans tout ceci, comme l'on voit, nulle mention d'*un jeune étranger*; cette fable était réservée pour compléter la honte de son second galimatias. Ainsi, dans deux affreux libelles, pas un seul mot contre sa femme qui ne soit un grossier mensonge. Et si j'ai pris la peine, à votre grand ennui, lecteur, de démêler ce qu'il embrouille, d'éclairer ce qu'il obscurcit, c'est pour qu'il vous soit démontré que l'ennemi que je combats est toujours indigne de foi sur ce qu'il impute à sa femme.

Mais qu'ai-je besoin d'appuyer sur ces preuves de mauvaise foi, lorsqu'ils viennent de faire plaider par leur avocat au Palais que tout ce qu'ils ont dit dans leur premier libelle n'est qu'un récit forgé dans la tête du sieur Bergasse, fruit de son imagination, controuvé dans toutes ses parties, et que lui, Kornman n'a certifié véritable que par des excès de déférence pour son vertueux écrivain? Les huées mêmes de leurs partisans ayant honoré cet aveu, je n'ajouterai rien à leur honte publique.

Revenons aux faits importants, derniers objets de ce mémoire; et traitons-les si clairement, que le lecteur, entraîné par la force de mes preuves, adopte mon exclamation, et s'écrie partout avec moi : O vil époux! lâche adversaire! et misérables raisonneurs!

DERNIÈRE PARTIE A ECLAIRCIR

DÉVELOPPEMENT DES CARACTÈRES, ET DÉMONSTRATION DE LEUR PLAN

Je dois reprendre la question que l'on m'a faite plusieurs fois, et dont j'ai suspendu la réponse pour traiter l'affaire des lettres.

Quel acharnement diabolique arme donc ainsi contre vous ce Kornman et ce Bergasse? — C'est là le secret de l'affaire, et je vais vous le dévoiler.

Toutes les fois qu'un sot veut, dit-on, se faire méchant, il faut qu'il rencontre un méchant qui de son côté cherche un sot, et comme c'est en tout pays chose facile à rencontrer, on juge bien que la liaison entre Bergasse et Kornman a pris comme un vrai feu de paille au premier moment du contact. Quand cet Orgon eut flairé ce Tartufe, posté *cafardement* auprès non d'un bénitier d'eau lustrale, mais d'un beau baquet magnétique, Orgon l'accueille, il le recueille, lui donne gîte en sa maison, le fait précepteur de ses enfants, et s'enlaçant avec transport,

> Chacun d'eux s'écrie aussitôt :
> Voilà bien l'homme qu'il me faut.

Je ne parlerai pas des commencements de leur intrigue; je ne vous dirai point comment ils s'étaient unis avec le médecin Mesmer; comment le prédicant Bergasse prêchait les curieux que cent louis, légèrement donnés, avaient attachés au baquet, et comment ennuyée de son verbiage amphigourique, et lasse d'être dupe, la compagnie lui imposa silence un jour, ni comment Kornman, chargé de la caisse du mesmérisme, et le véridique Bergasse élevèrent un beau jour baquet contre baquet, et parvinrent enfin à dépouiller leur chef d'une partie des avantages que sa doctrine avait produits. Cela n'a de rapport à nous que parce que M. Le Noir, ayant permis ou toléré qu'on mît au théâtre italien la farce des docteurs modernes (seul moyen d'empêcher les malheureux enthousiastes d'être victimes des novateurs), excita le ressentiment de tous les modernes docteurs, le docteur Bergasse à la tête

Il fallait au moins un prétexte aux vengeances qu'ils méditaient. L'ancien procès de Kornman, repris et quitté douze fois, leur parut à tous deux un canevas parfait sur lequel ils pouvaient broder des infamies tout à leur aise. Mon nom pouvant donner quelque célébrité aux libelles qu'on voulait faire, il fut décidé tout d'une voix qu'on dirigerait contre moi la plus sanglante diatribe.

D'ailleurs je n'étais pas sans reproche sur l'article du mesmérisme. Ils savaient bien que je m'étais souvent, en public, égayé sur les sottises du baquet. Or, ceux qui vivent de sottises détestent tous ceux qui s'en moquent.

M'ayant fait assigner comme témoin dans son procès avec sa femme, le sieur Guillaume Kornman avait été si mécontent des dures vérités de ma déposition, qu'ils sentirent tous deux le tort qu'elle leur ferait, rapprochée des pièces probantes, s'ils ne parvenaient pas à changer ma qualité de témoin assigné par eux-mêmes en celle d'accusé, qui leur convenait davantage.

Le projet fut donc arrêté de faire un long libelle contre M. Le Noir et contre moi, dont le grand procès d'adultère serait le prétexte ostensible.

Le libelle fut composé : mais quelque empressement que Bergasse le précepteur eût d'échapper à sa profonde obscurité par cette production d'éclat, Kornman préférait encore d'arranger ces tristes affaires ; et le crédit de M. Le Noir, la bienveillance dont il l'honorait, pouvant lui faire encore tirer quelque parti des Quinze-Vingts, il hésitait de le donner.

Depuis cinq mois au moins, ce libelle trottait sourdement ; mais il n'était que manuscrit. On l'avançait, on le retirait ; on le montrait *tout bas*, comme un épouvantail. Moi, j'en ai eu copie trois mois avant qu'il fût public. On essayait aussi de me le vendre (1). Tant qu'il espéra quelque chose du crédit de M. Le Noir, le libelle ne parut point ; mais quatre jours après la disgrâce de M. de Calonne, le libelle fut imprimé.

Jamais l'honnête Kornman n'a manqué ces instants précieux. La retraite du ministère de M. le prince de Montbarrey avait changé en vraie fureur son amour pour le sieur Daudet. Sitôt après la détention du cardinal de Rohan, son bienfaiteur, Kornman n'avait pas manqué de donner un mémoire contre lui, relativement aux Quinze-Vingts. Il était donc bien juste que la disgrâce de M. de Calonne fût le moment d'un gros libelle contre M. Le Noir, son ami. Et moi, je n'étais là que pour orner la scène.

Quant à leur projet, le voici.

« Nous publierons un bon libelle, où nos deux ennemis, traînés dans la fange d'un adultère supposé, de tout point étranger à eux, seront livrés à la risée publique ; mais comme ils ne peuvent être qu'incidentellement amenés dans l'affaire de la dame Kornman ; quand nous les aurons bien injuriés, nous nous raccommoderons avec elle, en lui faisant pont d'or, pour passer dans notre parti. La réconciliation achevée, n'ayant plus de procès à suivre, M. Le Noir et Beaumarchais en seront là pour nos injures ; moi, Bergasse, j'aurai fait du bruit ; toi, Kornman, auras la dot, et notre vengeance est parfaite. »

Lecteur, si vous croyez que mon esprit fa-

(1) Tous mes amis l'ont lu chez moi. Kornman convient, dans son premier libelle (page 66) qu'il a offert de le détruire, et de se désister de tout, si l'on voulait lui procurer une place de consul au Nord, ou quelque autre emploi dans les grandes Indes.

brique un conte et vous le donne pour un fait, suivez-moi bien sévèrement.

A peine leur libelle a paru, qu'indigné de cette infamie, je broche ma première réponse.

Pendant que je la travaillais, nos deux ennemis, satisfaits de voir leur vengeance en bon train, s'occupaient de leur sûreté. « L'instant est venu, disaient-ils, qu'il faut traiter avec la dame Kornman. Après l'avoir tympanisée, tâchons, à force de promesses, de l'arracher à son parti, de lui faire abandonner ses amis et ses protecteurs; puis faisons un mémoire pour elle, contre ceux mêmes qui l'ont servie; rendons-les odieux, infâmes, en faisant écrire à la dame qu'elle a été corrompue par eux, jetée dans ce procès par ceux que l'on n'y voit qu'à l'occasion de cette infortunée. »

Que dites-vous, monsieur de Beaumarchais? Où puisez-vous tant de noirceurs?

Lecteur, examinez mes preuves; elles ont été plaidées publiquement.

Le défenseur de la dame Kornman a démontré à l'audience toute la série des démarches qu'ils ont faites pour arriver à cette transaction. Il a prouvé qu'ils ont été trouver un jurisconsulte estimé, plein de talent, de probité, qui leur a paru propre à négocier ce raccommodement secret, dont ils se flattaient sans doute que la noirceur lui échapperait.

» Allez, ont-ils dit au négociateur; proposez à madame Kornman le retour certain d'un bonheur qui la fuit depuis si longtemps. Il ne s'agit, pour elle, que de signer une transaction amiable, de nous livrer deux hommes : Le Noir et Beaumarchais, qui sont deux méchants corrupteurs, de les abandonner à la fureur de moi, Bergasse, à la vengeance de son époux. Et s'ils s'avisent de s'en plaindre, je ferai pour elle un mémoire, comme j'en ai fait un pour lui. Elle reverra ses enfants. Son mari payera ses dettes, et ceux dont il faut nous venger resteront couverts de mépris. Nous les tenons! nous les tenons!»

Le défenseur a lu ensuite à l'audience différents billets de Bergasse, puis une transaction minutée par le même, dans laquelle on soumet la dame Kornman à *écrire une lettre qu'on doit rendre publique*, où l'on veut lui faire dire *qu'elle n'a pas attendu la publication du mémoire de Bergasse pour rendre justice à son mari*; où l'on veut qu'elle ajoute encore *qu'elle va s'éloigner de M. Le Noir et de moi*, qui avons excité *les réclamations de son mari*. Et si elle consent à signer cette transaction perfide, on lui promet *que Kornman lui amènera ses enfants*; qu'il me fera offrir judiciairement ce qu'elle me doit, et que son mari *lui donnera des marques de la plus sincère réconciliation*; et ce chef-d'œuvre de Bergasse est écrit, signé de sa main.

Le négociateur montre la transaction à la dame Kornman. Elle sent qu'on lui tend un piége, non pas le négociateur, mais les gens qui l'en ont chargé. Elle refuse obstinément de signer un tel acte. On cherche à tempérer les choses. Autres billets au négociateur.

Il faut au moins, y dit Bergasse, que vous ameniez madame Kornman à écrire à MM. Le Noir et Beaumarchais des lettres nobles et simples, dans lesquelles elle assure que, revenue de son erreur, et voyant l'abîme où on l'a plongée, elle s'éloigne d'eux sans retour. Par là je déconcerterai toute la facture du mémoire de Beaumarchais, ce qui est essentiel. Madame Kornman le payera. Je lui amènerai ses enfants, **ET NOUS CONCERTERONS SON INTERROGATOIRE DE MANIÈRE A LUI PROCURER SA JUSTIFICATION.**

Eh quoi! cet homme affreux ne tremblait pas d'écrire : *Nous concerterons son interrogatoire ?* Contre qui ? Contre son mari, le seul qui l'a vilipendée, sous la plume de celui même qui veut lui faire cet interrogatoire, comme il a concerté l'accusation de son mari ! Ainsi cet effronté, l'*omnis homo* dans cette affaire, dirige la plainte, est l'accusateur, le conseil, le témoin, l'écrivain, l'avocat du mari, et veut être celui de sa femme. O l'horreur ! ô l'horreur !

La dame Kornman, sentant tout l'avantage d'obtenir quelque preuve d'un aussi noir complot, demande communication des pièces. Le courage des conjurés s'accroît à cet espoir trompeur. Bergasse écrit, dans un autre billet qui doit lui être aussi montré :

> Sauvons madame Kornman sur toutes choses. Préparez le canevas des lettres dont je vous ai entretenu. Je contribuerai de bon cœur à lui faire jouer dans le public le rôle le plus intéressant et le plus noble, *pourvu qu'elle veuille s'y prêter.*

Quand j'ai dit que tout ce procès d'adultère n'était mis en avant que pour servir d'autres vengeances, a-t-on pu même soupçonner que j'en fournirais cette preuve ? « *Sauvons madame Kornman sur toutes choses*, dit-il..... *je contribuerai de bon cœur à lui faire jouer le rôle le plus noble et le plus intéressant*, POURVU QU'ELLE VEUILLE S'Y PRÊTER. Pas un mot qui ne soit précieux.

Dans un autre billet, il demande au jurisconsulte une consultation sur le moyen de terminer la transaction projetée. Mais comme son but n'est que de tromper, *qu'elle soit*, lui dit-il *un chef-d'œuvre et* DE FINESSE *et de logique.* Il voudrait qu'elle pût paraître au moment même de mon mémoire.

Dans un autre billet, il écrit :

> N'oubliez pas, en parlant à la dame Kornman, de lui dire que M. Le Noir a voulu la faire enfermer à cent lieues de Paris, etc., etc.

Il ne cherche à indigner cette dame par tant de fables concertées que pour en obtenir qu'elle écrive dans sa colère les lettres qu'il a désirées, et qu'il voudrait *faire imprimer dans la nuit même; ce qui*, ajoute-t-il, *est bien important à cause du mémoire de Beaumarchais qui va paraître*, et dont il dit savoir tout le contenu.

Mais pendant que l'intrigue s'avance, Kornman réfléchit que, dans la transaction, Bergasse n'a inséré que des phrases en son honneur, qu'il y est appelé le *sensible*, le *vertueux*, le *généreux* Bergasse, et que lui, Kornman, qu'on oblige à payer le sieur de Beaumarchais, n'a pas un petit mot d'éloge. Cependant cette pièce doit paraître à la tête d'un mémoire qu'on va vendre, et dont le profit reste à Bergasse avec l'honneur. Il s'en plaint; il murmure : sitôt Bergasse, le renard, écrivit au rédacteur pour apaiser son compagnon :

Il est essentiel que madame Kornman, dans ses lettres, dise qu'elle regarde son mari comme un homme infiniment honnête, et que, tant qu'elle a vécu à côté de lui, elle a toujours reconnu en lui une manière de penser infiniment noble, etc.

On ajoute à la transaction l'éloge exigé du mari, et Bergasse, croyant enfin avoir enveloppé sa victime, ne garde plus aucune mesure. Ses intentions, ses espérances, la jactance d'un fat enivré de son vin, sa bravade, son juste esprit, tout est versé dans le billet suivant :

Il est bien important, mon cher ami, que vous vous occupiez sur-le-champ du plan dont je vous ai parlé hier. Si vous pouvez voir madame Kornman, tâchez de me la faire voir, je lui amènerai ses enfants, ET NOUS FERONS UNE SCÈNE DE LARMES QUI FINIRA TOUT. Je viens de rédiger une note contre l'écrit du sieur de Beaumarchais, qui, je l'espère, sera imprimée cette nuit, et paraîtra demain. J'y parle d'elle avec intérêt, et de Beaumarchais AVEC MODÉRATION ; j'espère que vous en serez content, etc., etc.

On ajoutait même, au Palais, que le billet finit par ces mots bien étranges (mais l'avocat de la dame Kornman ne les a point articulés) : Soyez bien persuadé que ni Kornman ni moi ne serons décrétés pour avoir publié notre mémoire ; je crois que le public entier décréterait à coups de pierres le tribunal qui entreprendrait de nous demander compte de notre conduite.

Ce qui rend assez vraisemblable cette phrase de son billet, c'est le ton qu'il a pris à l'audience de la grand'chambre, en rappelant, en d'autres termes, à peu près les mêmes idées. On l'a vu apaisant de la main les battements dont ses amis couvraient ses périodes commencées. Plein d'une vanité fougueuse, et menaçant les magistrats, il leur disait : Si, par un hasard imprévu, vous alliez faire perdre la cause à l'innocence, aux bonnes mœurs, il n'y a personne dans cette assemblée qui ne se levât aussitôt et qui ne prît notre défense.

Songez à vous, augustes magistrats! Si par malheur vous condamnez Bergasse et Kornman (vous voyez comme ils ont traité les magistrats du Châtelet), ils vous feront *décréter à leur manière*, par le public de leur quartier, de la rue Carême-Prenant. Gardez-vous bien de prononcer contre eux !

En voilà bien assez. Nos adversaires sont connus. La dame Kornman, indignée, rompit la négociation, et la guerre a recommencé.

Avant de la faire éclater au Palais, ils ont voulu essayer d'effrayer cette dame, n'ayant pu la séduire ; et, pour lui faire donner la déclaration qu'ils voulaient, avec laquelle ils entendaient poursuivre MM. Le Noir et Beaumarchais, sous le nom de l'infortunée, ils ont emprunté sourdement au sieur Bonnard une maison près de Neuilly, sous prétexte qu'une grande dame voulait y voir en secret son époux, dont on sait qu'elle est séparée. Ils ont eu l'art d'y faire conduire adroitement la dame Kornman par des hommes... grand Dieu! qu'on était loin de suspecter! et là ils l'ont livrée pendant six heures de suite aux fureurs d'une pythonisse, d'une somnambuliste ardente, bien instruite et bien inspirée, laquelle avait dîné la veille dans la maison de Kornman, où on lui avait appris ce qu'elle avait à dire. Il a fallu tout le courage d'une femme habituée au malheur pour résister à des scènes si longues et si fâcheuses, pour que ce lâche emploi du magnétisme prophétique ne la fît pas succomber à la terreur d'un tel spectacle. Le détail de ces tentatives, écrit naïvement par la dame Kornman elle-même en sortant de cette obsession, est un des plus étranges écrits, des plus rares qu'on puisse lire. On y voit réuni tout ce que la scélératesse de forcenés très-maladroits peut joindre à l'imbécilité de fous dignes de Charenton.

Ces détails ont été mis sous les yeux des magistrats. Le respect nous défend d'en dire davantage.

Cette autre tentative n'ayant pas mieux réussi que la première, force a été de suivre le procés.

Mais quelle guerre abominable! Tous mes anciens valets séduits ou menacés; une profusion immense de libelles! plus de deux cents en dix-huit mois, et tous payés par Kornman; les registres d'une imprimerie déposés au greffe criminel, seront la preuve de ces faits. « Reçu tant du sieur Kornman pour tel pamphlet, tant pour une circulaire, etc., etc. » A chaque instant, des lettres anonymes. J'en ai déposé une au greffe, qui accompagnait un libelle imprimé, dans lequel on cherchait à me désigner comme auteur des écrits scandaleux contre les magistrats ; et, crainte que je ne me méprisse aux agents de ces infamies, ils m'ont accusé hautement, dans un libelle signé *Bergasse*, d'avoir vendu ma plume au ministère pour insulter les magistrats absents : espérant bien par là me les rendre défavorables lorsque je demanderais vengeance contre ce cours d'atrocités.

On a vu de quel ton j'ai relevé cette apostrophe dans mon second mémoire, qui a précédé celui-ci.

Ils ont ameuté contre moi la jeunesse indisciplinée qui rôdait autour du Palais, et m'ont fait menacer partout, sous prétexte de ces écrits.

Ils m'ont fait insulter un soir, sortant à pied de mon jardin. Depuis ce temps, j'ai mieux veillé sur moi, ne marchant plus qu'avec des armes.

Ils ont fait casser une nuit des statues de *Germain Pilon*, monument du seizième siècle, et restes précieux de l'arc triomphal Saint-Antoine, que j'avais fait réparer à grands frais, d'accord avec l'hôtel-de-ville, et mises au mur de mon jardin pour faire un ornement au boulevard, digne de l'attention publique. Messieurs du bureau de la ville s'y étant transportés, ayant tancé publiquement le caporal d'un corps-de-garde qui est à dix pas du monument, sur sa négligence à veiller, le lendemain une lettre anonyme, style, écriture de cuisinière, m'est arrivée, portant en substance le regret qu'on ne m'eût pas trouvé à la place de ces statues, disant que *je ne l'échapperais pas*, et m'appelant *grand défenseur des belles*, ce qui n'était pas bien adroit pour déguiser l'auteur de l'anonyme. Tout est au greffe criminel.

Enfin, portant au dernier excès leurs manœuvres infâmes, ils ont fait afficher la nuit des placards à toutes mes portes, et même dans les rues voisines, me dénonçant au peuple comme un accapareur de blés. Les placards portaient en substance que si je n'ouvrais pas les greniers que je tenais fermés, on m'en ferait bien repentir. Il est clair qu'espérant que la cherté du pain pourrait produire quelque mouvement parmi le peuple, on lui désignait ma maison pour être la première ou pillée ou brûlée.

Les surveillants de la police ont arraché tous ces placards, et M. Crosne a bien voulu faire passer toutes les nuits une patrouille déguisée autour d'immenses magasins où je tiens de la librairie, qu'on cherchait à donner au peuple pour des accaparements de blés. L'Europe a couru le danger d'être privée du plus beau monument littéraire de ce siècle (1), et moi d'être ruiné.

Quelle complication d'horreurs! Je suis las de les raconter, fatigué de les éprouver, et si honteux de les décrire, que je quitterais la plume à l'instant si, pour dernier trait de scélératesse, ils ne venaient pas tout à l'heure, à la fin de leurs plaidoiries, de faire crier par leur avocat qu'ils tenaient la preuve en leurs mains d'une profanation de moi sur les choses les plus sacrées, pour amener des séductions honteuses. « Vous verrez, Messieurs, disait-il, comment il prit l'habit d'un confesseur, et comment, ainsi déguisé, il trompa d'abord une femme, et s'en fut sous le même habit escroquer et toucher au bureau d'un payeur une rente de 900 liv. Nous les tenons, ces preuves, écrites de sa main. »

Puis, sans en faire de lecture, il met des

(1) Beaumarchais fait ici allusion à son édition des œuvres de Voltaire.

lettres sur le bureau laisse le public étonné, mais surtout nullement instruit. Heureusement mon avocat se lève et demande acte à la cour de tout ce qui vient d'être plaidé, obtient un arrêt qui ordonne que ces pièces déposées au greffe nous seront communiquées. Nous y courons. Que trouvons-nous? Pour embarrasser cette cause, la couvrir d'un nouvel incident, et tâcher de prouver que je suis le vil proxénète d'un galant, le protecteur d'un adultère en 1789, ils ont osé produire sept ou huit lettres de moi écrites en ma jeunesse, en 1756, à ma première femme, il y a trente-trois ans accomplis, c'est-à-dire qu'elles sont écrites cinq ou six ans avant que la dame Kornman fût née.

Et ces lettres, qui n'ont nul rapport à l'affaire, qu'ils se sont bien gardés de lire, quoiqu'ils les aient empoisonnées, sont douces, gaies, pleines d'amour et du tendre intérêt de cet âge; deux ou trois sont écrites un moment avant mon mariage, et les autres moi marié. J'avais prié mon défenseur de les lire toutes à l'audience; on n'y aurait trouvé ni profanation, ni forfaits, ni usurpation, ni déguisement, ni projets personnels à moi : seulement une idée de plusieurs amis rassemblés de cette dame, au nombre desquels je me comptais, avis que nous soumettions à son conseil, à elle-même, pour forcer des débiteurs peu délicats à lui faire une prompte justice.

N'ayant point adopté le projet contenu dans cette minute, elle l'a pourtant conservée avec toutes mes lettres d'amour, comme des monuments très-chers de la tendresse d'un époux. Et ces lettres de ma jeunesse (j'étais encore mineur quand cette dame m'épousa), ces lettres, dis-je, cotées et parafées à l'inventaire de ma femme, quand j'eus le malheur de la perdre, est-il possible qu'ils les tiennent des parents mêmes de ma femme, lesquels, après avoir joui pendant vingt ans, par ma seule indulgence, de fortes sommes qui m'appartenaient dans leurs mains, m'ont attaqué en 1771, et m'ont plaidé dix ans avec fureur, puis ont été condamnés envers moi, par arrêts contradictoires, à me payer des sommes plus fortes que leurs moyens actuels; qui sont venus se jeter à mes pieds, m'implorer en disant qu'ils étaient ruinés si j'usais rigoureusement de mes droits constatés par les trois arrêts de la cour, et qui ont obtenu de mon humanité, par leurs instances et celles de leurs amis, qu'ils jouiraient, leur vie entière, des sommes qu'ils me doivent?

Mes amis, indignés, veulent que je demande en justice que ces actes soient annulés, pour cause d'horrible ingratitude! Non, mes amis; ma vie entière s'est usée à pardonner des infamies; irais-je empoisonner un reste d'existence en dérogeant dans ma vieillesse à ma constante bonhomie?

Si je me permettais d'aller plus loin sur ces détails, on serait bien surpris de l'usage constant que j'ai fait de ma fortune! On apprendrait combien de gens, mes obligés, ont abusé de ma facilité; et comment, pardonnant toujours, je me suis toujours vu forcé de justifier mes œuvres les plus pures! Mais ces débats ne troublent plus la paix de mon intérieur. Heureux dans mon ménage, heureux par ma charmante fille, heureux par mes anciens amis, je ne demande plus rien aux hommes, ayant rempli tous mes devoirs austères de fils, d'époux, de père, de frère, d'ami, d'homme enfin, de Français et de bon citoyen; ce dernier, cet affreux procès m'a fait au moins un bien, en me mettant à même de rétrécir mon cercle, de discerner mes vrais amis de mes frivoles connaissances.

Quant à vous, mes concitoyens, qui prenez parti contre moi pour deux fourbes dans cette affaire, quel mal vous ai-je fait à tous ? En égayant mes courts loisirs, n'ai-je pas contribué à l'amusement des vôtres ? Si ma gaieté contriste des méchants, quel rapport y a-t-il entre ces gens et vous avec qui je me complais à rire ? Vous savez tous, ô mes concitoyens ! qu'il n'est rien d'aussi bas que la basse littérature. Quand un homme s'est bien prouvé qu'il n'est bon à rien dans ce monde, s'il se sent le pouvoir de braver mépris et Bicêtre, il se fait libelliste, feuilliste, affichiste et menteur public. L'affreuse calomnie n'est qu'un vain mot pour lui, s'il parvient à faire imprimer ses pamphlets, en esquivant la geôle, et sauf tous les affronts qui poursuivent son vil emploi, il est heureux dans son grenier, m'injuriant lâchement dans le monde, où ils savent que je ne vais plus ; m'implorant en secret chez moi, quand ils peuvent forcer ma porte : voilà, voilà les gens que Kornman salarie.

Et les auteurs de ces libelles, les imprimeurs et les ordonnateurs, tous sont connus, tous seront poursuivis. Ce qu'il y a de plus vil à Paris, dirigé par ces deux méchants, depuis deux ans écrit, poignarde par derrière les plaideurs et les magistrats. Ce désordre est porté si loin, qu'il n'est pas un seul citoyen qui ne doive frémir des horreurs auxquelles le plus léger procès peut soumettre son existence. L'ordre public est trop intéressé à ce que de tels excès soient punis et soient réprimés, pour que les magistrats ne sévissent point, dans leur arrêt, contre les noirs instigateurs de tant de lâches calomnies.

Ce Bergasse, inconnu, sans état, sans métier, même sans domicile, s'amalgamant à tout ce qui fait bruit, après avoir traité son bienfaiteur Mesmer comme un dieu, puis comme un scélérat; après avoir traité Deslon comme un confrère, et puis comme un escroc; après avoir *dévoué*, dans ses fureurs, MM. Franklin, Bailly, et autres commissaires nommés par Sa Majesté pour juger ce fou magnétisme; après les avoir *dévoués*, dis-je, à *l'exécration de la postérité la plus reculée*, parce qu'ils ont dévoilé les mystères de cette doctrine; après s'être fait insolemment graver sous l'emblème d'un génie couronné qui forge et va lancer des foudres, et s'être proclamé lui-même, avec la plus stupide vanité, le *sauveur* de la France, et l'avoir osé imprimer lors du retour des magistrats, parce qu'il avait écrit quelques lignes fougueuses, dans un moment où l'opinion publique, partout fortement prononcée, avait déjà ruiné le système ministériel : après s'être bien pavané, comme *la mouche du coche*, en disant :

J'ai tant fait qu'à la fin *mes gens* sont dans la plaine :

Ce noir ballon, gonflé d'orgueil, vient de jurer enfin qu'il s'attachait à Kornman. O malheureux *Laocoon* ! toi, ni tes deux enfants, n'espérez plus fuir au reptile qui vous a si bien enlacés. Tant qu'il vous restera quelque peu de fortune, n'espérez pas qu'il se détache. *Je te suivrai partout*, dit-il, *dans les exils, dans les prisons*. Digne Oreste d'un tel Pylade, on n'est point étonné qu'il se dévoue à toi. Quel affreux Pylade, en effet, est plus digne d'un tel Oreste !

Signé : Caron de Beaumarchais.

Mᵉ Pelletier, *procureur*.

ADDITION PRÉCIPITÉE

Ce mémoire était imprimé; j'allais le remettre à mes juges lorsqu'un libelle atroce vient d'être lancé contre moi dans le monde. Sous prétexte des lettres qu'ils ont citées à l'audience, toute ma jeunesse y est livrée aux outrages les plus calomnieux. Là, une lettre supposée se trouve rapportée en note comme m'ayant été écrite. Ils sont aveuglés à tel point, par la fureur qui les domine, qu'ils ne s'aperçoivent pas même du contre-sens absurde qu'une telle lettre, la supposant écrite à moi, ne me fût jamais parvenue, et pût se rencontrer, après trente-trois ans, entre les mains d'un autre. Ce n'est plus discuter qu'il faut, mais demander la punition de si dangereux attentats.

A l'instant même, j'ai présenté requête au parlement, portant plainte, non-seulement contre les auteurs, imprimeurs et distributeurs de cet infâme écrit, mais contre ceux qui leur ont vendu des lettres cotées et parafées appartenant à un inventaire clos, achevé depuis plus de trente ans, dont ils se sont permis de faire un aussi criminel abus.

Et, pour montrer quelle confiance est due à leurs atroces calomnies, j'ai remis à M. l'avocat général les trois arrêts de la cour, qui, après dix années de vexations outrées, ont déclaré les Aubertin, comme héritiers de ma femme, leur sœur, mes débiteurs de sommes plus fortes que toute leur existence actuelle ne leur permettait d'acquitter. Le dernier de ces trois arrêts, au rapport de M. Titon, est un chef-d'œuvre de discussion, de balance d'intérêts, de compensations, de clarté, de justice.

J'ai joint à ces arrêts des lettres de ces héritiers que le hasard m'a fait retrouver, à défaut d'une foule d'autres perdues, par lesquelles ils m'implorèrent quand ils se virent condamnés. Et ce ne sont point là des lettres supposées, controuvées ni volées, dont le vrai sens puisse être détourné. Le repentir et la prière s'y montrent dans toute leur énergie. J'ai joint aux arrêts, à ces lettres, les actes notariés qui attestent ma bienfaisance et le pardon que je leur accordai.

Une de mes belles-sœurs, pour calmer ma colère contre son frère, m'écrivit en 1787 :

Je vous connais l'âme trop bonne pour me persuader que vous vouliez réduire à la misère UN ÊTRE QUI A DES TORTS VIS-A-VIS DE VOUS, JE VOUS L'AVOUE, mais enfin qui, comme moi, vous est attaché par les liens du sang... Que deviendra-t-il donc, Monsieur, si vous n'avez pas la bonté de lui laisser toucher son revenu, qui consiste en dix-huit cents livres de rente viagère?... Vos procédés vis-à-vis de ma sœur et moi, Monsieur, votre honnêteté, me font espérer que vous vous laisserez toucher en faveur de mon frère etc. Je sais qu'il n'est ni dans votre cœur ni dans votre âme de mettre un père de famille au désespoir. Vous ne le voudriez pas. SI LE SOUVENIR DE SES TORTS a pu vous inspirer un moment la vengeance, je suis sûre qu'une voix intérieure vous dit : SA SŒUR ÉTAIT MA FEMME; je dois lui pardonner. Ce sentiment est celui que vous inspire votre SENSIBILITÉ QUE JE CONNAIS, de laquelle j'ose tout attendre, et que j'implore, en vous priant d'être bien persuadé des sentiments, etc.

Très-obéissante, etc.
Signé : AUBERTIN.

Qu'arrive-t-il ? Touché de sa prière, je donnai mainlevée de l'opposition que j'avais mise sur les rentes de son frère, et je l'en ai laissé jouir depuis tranquillement jusqu'à sa mort, sans lui rien demander. Voilà celui qu'ils disent que j'ai fait mourir de douleur.

Le fils d'une des sœurs de ma femme m'écrit, me fait solliciter par tous ses amis et les miens d'avoir des ménagements pour lui, n'ayant, dit-il, jamais trempé dans aucun tort de ses parents envers moi. Qu'arrive-t-il? Je lui remets généreusement le quart de ma créance sur lui; et l'acte notarié de cette bienfaisance, que j'ai remis à M. l'avocat général, porte l'expression de sa reconnaissance.

Une autre sœur de feu ma femme m'écrit la lettre suivante en novembre 1785, c'est-à-dire quatre années après l'obtention de mes trois arrêts, dont je n'avais fait aucun usage hostile contre eux tous. Cette lettre mérite d'être opposée tout entière aux impressions affreuses qu'ils ont voulu répandre sur le décès de ma première femme, à l'impression qu'elle aurait dû laisser à sa famille entière. Malheureux imposteur! lisez donc cette lettre :

Lettre de la demoiselle Aubertin à M. de Beaumarchais.

Ce 23 novembre 1785.

Depuis que nous avons eu l'honneur de vous écrire, Monsieur, nous nous étions flattés que vous voudriez bien donner un jour à M. Angot, pour lui dire vos intentions et terminer une affaire que nous regarderons toujours comme très-malheureuse et par ses suites et par la division qu'elle a causée entre vous et nous, division d'autant plus sensible pour nous, Monsieur, que nous en sommes les victimes, *sans que notre cœur y ait jamais eu de part;* enfin c'est une chose faite : le point essentiel à présent, c'est de régler entre vous et nous d'une manière qui ne nous oblige plus les uns ni les autres à rappeler des temps malheureux ; cela dépend de vous,

Monsieur, et nous vous prions avec instance de vouloir bien nous marquer ce que vous exigez de nous, pour que nous sachions à quoi nous en tenir. Nous savons bien que votre arrêt vous donne des droits, mais vous connaissez notre position et la médiocrité de notre fortune ; enfin, Monsieur, *consultez votre cœur ; il est bon, sensible, généreux ; nous le connaissons tel*, et c'est de lui que nous attendons un traitement favorable ; *vous avez tant de droit à la reconnaissance ! La nôtre ne sera ni moins vive ni moins étendue ; notre soin le plus cher sera de l'exprimer*, et de saisir toutes les occasions de vous en donner des preuves. Daignez donc, Monsieur, *avoir égard aux liens qui nous ont unis* ; croyez qu'*ils ont gravé dans nos cœurs un sentiment que le temps ni les circonstances n'ont point effacé*. Puissent-ils vous inspirer en notre faveur ! Nous osons l'espérer, et que nous éprouverons les effets de la bonté de votre âme. Nous attendons votre réponse avec impatience, et vous prions instamment, Monsieur, de vouloir bien nous instruire de vos volontés ; nous sommes persuadés qu'*elles seront dictées par votre générosité*, et vous prions d'être bien convaincu des sentiments avec lesquels nous ne cesserons d'être, etc.

Monsieur,
Votre très-humble et très-obéissante servante,

Signé : Aubertin.

Qu'arriva-t-il ? Moi, qui n'ai jamais résisté aux supplications ni aux larmes, j'ai consommé envers cette demoiselle, dont la sœur venait de mourir, l'acte de bienfaisance que je leur avais promis à toutes deux, par lequel je consens qu'elle jouisse sa vie entière de toutes les sommes qu'elle me doit ; et la vive expression de sa reconnaissance est consignée dans ce traité, remis, avec les lettres, à M. l'avocat général. Et c'est ainsi que je me suis vengé d'une persécution de dix années, pendant lesquelles mes biens, mes revenus, mes meubles avaient été saisis dix fois. C'est ainsi que je me suis vengé de presque tous mes débiteurs.

A défaut de moyens, ces horreurs clandestines se sont répétées sourdement dans tous les procès qu'on m'a faits et que j'ai tous gagnés avec éclat, n'en ayant jamais fait moi-même à aucun de mes débiteurs.

Dans les deux procès intentés, l'un par l'héritier Duverney et l'autre par le sieur Goëzman, pendant que les Aubertin me plaidaient avec rage, forcé de me défendre moi-même, les avocats d'alors me refusant leur concours, je fis à mes ennemis la provocation contenue dans mon second mémoire contre le sieur Goëzman, en 1773. Le frère, le beau-frère, le neveu, toutes les sœurs de feu ma première femme étaient vivants alors. Ils me plaidaient avec fureur. Je les provoquai fièrement, mais aucun d'eux n'osa répondre.

Il était réservé à ce lâche Kornman, à cet affreux Bergasse, de chercher à noircir ma jeunesse si gaie, si folle, si heureuse, après trente-trois ans d'une vie sans reproche passée à Versailles, à Paris, et partagée, aux yeux de tous, entre les affaires et les lettres.

Je n'ajouterai plus qu'un mot ; il est le cri de ma douleur. Justice, ô magistrats ! justice ! Vous me la devez, je l'attends de votre honorable équité.

Signé : CARON DE BEAUMARCHAIS.

M. D'AMBRAY, *avocat général.*

Me PELLETIER, *procureur au parlement.*

ARRÊT DE LA COUR DU PARLEMENT

RENDU EN LA TOURNELLE CRIMINELLE

Entre le sieur Caron le Beaumarchais et le prince de Nassau-Siégnen, *plaignants;*

Le sieur Guillaume Kornman, ancien banquier et ancien caissier de la compagnie des Quinze-Vingts, et sieur Bergasse, *accusés;*

Entre le sieur Guillaume Kornman, la dame Kornman, et le sieur Daudet de Jossan;

Qui décharge le sieur *de Beaumarchais* de l'accusation en complicité d'adultère.

Condamne les sieurs *Kornman* et *Bergasse* solidairement en *mille livres* de dommages et intérêts envers le sieur *de Beaumarchais*, applicables au pain des pauvres prisonniers de la Conciergerie du Palais;

Ordonne que les différents mémoires et écrits des sieurs *Kornman* et *Bergasse*, en ce qui concerne le sieur *de Beaumarchais*, seront supprimés comme *faux, injurieux et calomnieux;* leur fait défenses de récidiver, sous telles peines qu'il appartiendra;

Décharge le prince *de Nassau* de la même accusation en complicité d'adultère;

Condamne lesdits *Kornman* et *Bergasse* solidairement en *mille livres* de dommages et intérêts envers ledit prince *de Nassau*, applicables au pain des pauvres prisonniers de la Conciergerie du Palais;

Ordonne que les différents mémoires et écrits des sieurs *Kornman* et *Bergasse*, en ce qui concerne le prince et la princesse *de Nassau*, seront et demeureront supprimés comme *faux, injurieux, calomnieux;* fait défenses auxdits *Kornman* et *Bergasse* de récidiver, sous telles peines qu'il appartiendra;

Fait défenses audit *Kornman* de plus à l'avenir se servir, produire, faire imprimer et distribuer des lettres écrites à des personnes tierces et étrangères à sa cause, sous peine de punition exemplaire;

Ordonne que les lettres relatives au sieur *de Beaumarchais* et au sieur *Daudet de Jossan*, produites par le sieur *Kornman*, seront rendues à chacun d'eux ;

Ordonne que *Brunetières*, procureur au Parlement et du sieur *Kornman*, sera et demeurera interdit pour trois mois, pour avoir autorisé par sa signature l'impression desdites lettres ;

Ordonne que les termes répandus dans les mémoires des sieurs *Kornman* et *Bergasse* contre M. *Le Noir*, ancien lieutenant de police, M. le lieutenant criminel, M. le procureur du roi au Châtelet, et Me Fournel, avocat au Parlement, seront et demeureront supprimés, comme *faux, injurieux, calomnieux* ;

Déclare qu'il n'y a eu et n'y a lieu à plaintes contre M. *Le Noir;*

Permet au prince *de Nassau* et au sieur *de Beaumarchais* de faire imprimer et afficher le présent arrêt où bon leur semblera, aux dépens desdits *Kornman* et *Bergasse*, aux termes dudit arrêt ;

Déclare le sieur *Kornman* non recevable dans sa plainte en adultère contre la dame *Kornman* et le sieur *Daudet;*

Ordonne que l'interrogatoire subi par la dame *Kornman*, dans une maison de force, ensemble le procès-verbal de saisie des lettres dudit sieur *Daudet* sur la personne de *Varin*, son domestique, et lesdites lettres, seront remis au greffe pour y être supprimés :

Et condamne lesdits *Kornman* et *Bergasse* solidairement en tous les dépens, etc., etc.

OBSERVATIONS
SUR LE MÉMOIRE JUSTIFICATIF
DE LA COUR DE LONDRES

PREMIER MOTIF D'ÉCRIRE

S'il peut être permis à un particulier d'oser un moment s'immiscer dans la querelle des souverains, c'est lorsque, appelé par eux-mêmes en jugement dans des *mémoires justificatifs* adressés au public dont il fait partie, il s'y voit personnellement cité sur des faits tournés en reproches de *perfidie* contre les ennemis de ces souverains, mais qui, présentés avec plus de franchise, servent eux-mêmes à justifier la puissance inculpée, à rendre à chacun ce qui lui appartient.

SECOND MOTIF D'ÉCRIRE

S'il est reçu parmi les rois d'entretenir à grands frais, les uns chez les autres, de fastueux inquisiteurs, dont le vrai mérite est autant de bien éclairer ce qu'on fait dans le pays de leur résidence que d'y répandre sans scrupule les plus fausses notions des événements, lorsque cette fausseté peut être utile à leurs augustes commettants, au moins n'avait-on encore vu chez aucun peuple un magnifique ambassadeur pousser la dissimulation de son état jusqu'à en imposer même à son pays, dans ses dépêches ministérielles, pour augmenter la mésintelligence entre les nations, ou pour accroître sa consistance et préparer son avancement.

C'est pourtant ce qui résulte aujourd'hui de l'examen des prétendus faits touchant le commerce entre la France et l'Amérique, cités dans le *mémoire justificatif* du roi d'Angleterre sur les rapports fautifs du vicomte de Stormont, que je nomme ici sans scrupule parce qu'il a semblé m'y inviter lui-même en faisant servir mon nom et mes armements à des accusations de *perfidie* contre la France.

—

S'il entrait dans mon plan de traiter le fond de la question qui divise aujourd'hui les deux cours, je n'aurais nul besoin d'établir, par les faits particuliers qui me concernent, que non-seulement nos ministres ont montré plus d'égards qu'ils n'en devaient à l'Angleterre, à la nature des liaisons subsistantes, mais qu'ils sont restés, par complaisance pour la cour de Londres, fort en deçà des droits non disputés de toute puissance indifférente et neutre. C'est par des faits nationaux et connus de l'Europe entière que je ferais évanouir le reproche de perfidie tant de fois appliqué, dans ce *mémoire justificatif*, à la conduite de la France : et je le repousserais si victorieusement sur ses auteurs, que je ne laisserais aucun doute sur la vérité de mon assertion.

En effet, quelle est donc la nation qui prétend aujourd'hui nous souiller du soupçon de perfidie, en réclamant avec tant d'assurance et l'honneur et la foi des traités ? N'est-ce pas cette même nation anglaise, injuste envers nous par système, et dont la morale à notre égard a toujours été renfermée dans cette maxime applaudie mille fois à Londres, dans la bouche du grand politique Chatam : « Si nous voulions être justes envers la France et l'Espagne, nous aurions trop à restituer. Les affaiblir ou les combattre est notre unique loi, la base de tous nos succès ? »

N'est-ce pas ce même peuple dont les outrages et les usurpations n'ont jamais eu d'autres bornes que celles de ses pouvoirs, qui nous a toujours fait la guerre sans la déclarer; qui, après avoir, en 1754, assassiné M. de Jumonville, officier français, au milieu d'une assemblée convoquée en Canada pour arrêter des conventions de paix et fixer des limites, a, sans aucun objet même apparent, commencé la guerre de 1755, en pleine paix, par la prise inopinée de cinq cents de nos vaisseaux, et l'a terminée en 1763 par le traité le plus tyrannique et l'abus le plus intolérable des avantages que le sort des armes lui avait donnés sur nous dans cette guerre injuste ?

N'est-ce pas cette nation usurpatrice pour qui la paix la plus solennellement jurée n'est jamais qu'une trêve accordée à son épuisement, et dont elle sort toujours par les plus criantes hostilités; qui dès 1774 avait souffert que son commandant au Sénégal, le sieur Macnémara, fît enlever un vaisseau français du commerce de Nantes, qu'on n'a jamais rendu ; qui, dans l'année 1776, après nous avoir outragés de toute façon dans l'Inde, insulta sur le Gange trois vaisseaux français, *la Sainte-Anne*, *la Catherine* et *l'Ile-de-France*, et fît tirer sur eux à boulets, au passage de Calcutta, brisa nos manœuvres, tua ou blessa nos matelots, et, couronnant l'atrocité par la dérision, leur envoya sur-le-champ des chirurgiens pour panser les blessés ? Outrage dont tous les commerçants de l'Inde, irrités et consternés, n'ont cessé de demander justice et vengeance au roi de France.

N'est-ce pas encore cette même nation qui, toujours fidèle à son système, avait donné l'ordre, un an avant l'ouverture des hostilités, de nous attaquer dans l'Inde à l'improviste et de nous chasser de toutes nos possessions, comme cela est irrévocablement prouvé par la date de l'investissement de Pondichéry, en 1778, et qui, imperturbable en son arrogance, ne rougit pas de faire avancer froidement aujourd'hui, par son doucereux écrivain, *qu'il est au-dessous de la dignité de son roi d'examiner les époques où les faits se sont passés*; comme si, dans toute querelle, il n'était pas reconnu que le tort est tout entier à l'agresseur ?

N'est-ce pas cette nation toujours provocante, qui, pendant ce même temps de paix, s'arrogeant le droit de douane et de visite sur tout l'Océan, se faisait un jeu d'essayer notre patience en arrêtant, insultant et vexant tous nos vaisseaux de commerce à la vue de nos côtes mêmes ?

N'est-ce pas un marin de cette nation que désigne le capitaine Marcheguais, de Bordeaux, arrêté en mars 1777, à cent trente lieues de la côte de France, lorsqu'il déclare qu'on lui a tiré huit coups de canon à boulets, brisé toutes ses manœuvres; et que, même après avoir envoyé quatre hommes et son second faire visiter ses passe-ports, et prouver qu'ils étaient en règle, il n'en a pas moins vu passer sur son bord dix scélérats, vu crever ses ballots, bouleverser tout dans son navire, le piller, l'emmener prisonnier et le retenir, lui sixième, à leur bord, tant qu'il leur a plu de lui voir avaler le poison de l'insulte et des plus grossiers outrages ?

N'était-ce pas aussi par des capitaines anglais que, dans ce même temps de paix, plusieurs navires de Bordeaux, le *Meulan* et le *Nancy*, furent enlevés en sortant du Cap, et les équipages indignement traités, quoiqu'ils fussent expédiés pour la France, et ne continssent aucune munition de guerre; qu'un capitaine Morin fut arrêté à la pointe des Prêcheurs, attérage de la Martinique, et conduit à la Dominique, malgré des expéditions en règle pour le Cap-Français et Saint-Pierre-de-Miquelon? Nos greffes d'amirautés sont remplis de pareilles plaintes et déclarations faites en 1776 et 1777 contre les Anglais, ce peuple si loyal en ses procédés, qui nous accuse aujourd'hui de perfidie !

Ils nous enlevaient donc nos navires marchands à l'attérage même de nos îles. Ils poursuivaient leurs ennemis jusque sur nos côtes, et les y canonnaient de si près, que les boulets portaient à terre; et ils ne se faisaient nul scrupule de répondre par des bordées entières aux représentations que les commandants de nos frégates venaient leur faire de l'indécence de leurs procédés : témoin le chevalier de Boissier, qui, ne pouvant retenir son indignation, se crut obligé de châtier cette insolence, auprès de l'Ile-à-Vache, en désemparant, à coups redoublés, une frégate anglaise, et la forçant de se retirer dans le plus mauvais état à la Jamaïque.

Ils tiraient à boulets sur des navires entrés dans les ports de France; témoin ce vaisseau marchand arrêté, dans les jetées de Dunkerque, par plusieurs coups de canon à boulets, et forcé d'en ressortir à tous risques, pour se laisser visiter par une patache anglaise, qui se tenait sans pudeur en rade à cet effet.

Ne portaient-ils pas l'outrage au point de tenter de brûler des vaisseaux américains jusque dans nos bassins ? Insulte constatée à Cherbourg, et qu'on ne peut attribuer à l'étourderie d'aucun particulier, puisque c'était une corvette du roi, capitaine en uniforme, et parti de Jersey par ordre exprès de la cour avec promesse de trois cents guinées s'il exécutait son projet insultant.

Ces plaintes et mille autres semblables arrivèrent de toutes parts aux ministres de France, qui, pouvant et devant peut-être éclater contre l'Angleterre à de tels excès, avaient pourtant la modération d'en porter seulement leurs plaintes aux ministres anglais, dont les réponses, aussi souvent dérisoires que la conduite des marins était odieuse, contenaient en substance, *ou qu'on était mal instruit, ou que les capitaines étaient ivres, ou que c'était un malentendu, ou même que c'étaient de perfides Américains masqués sous pavillon anglais.* Jamais d'autres raisons ; encore moins de justice. Et c'est là le scrupuleux voisin, le candide ami, le peuple équitable et modéré qui nous accuse aujourd'hui de perfidie !

A qui donc l'écrivain du *mémoire justificatif* prétend-il donner le change en Europe? Est-ce pour détourner l'attention des Anglais de la conduite insensée de leur ministère, qu'on essaye en cet écrit d'y inculper le nôtre? En accusant nos ministres d'avoir trompé la nation française et son roi, pensent-ils étouffer les cris du peuple anglais, qui fait retentir à leurs oreilles ces mots si redoutés : Rendez-nous l'Amérique et le sang de nos frères : rendez-nous notre commerce et nos millions engloutis dans cette guerre abominable?

Ce n'est pas la perfidie de nos rivaux qui nous a causé toutes ces pertes, c'est la vôtre. Eh ! quelle part en effet les ministres français ont-ils eue à l'indépendance de l'Amérique ?

Lorsque la France, à la dernière paix, mit l'Angleterre en possession du Canada ; lorsque, longtemps avant cette époque, le clairvoyant M. Pitt avait prédit *que si on laissait seulement forger aux Américains les fers de leurs chevaux, ils briseraient bientôt ceux de leur obéissance*, lorsque ce même lord Chatam prédit encore à Londres, en 1762, *que la cession du Canada par la France ferait perdre l'Amérique aux Anglais ;* lorsque la jalousie de toutes les colonies sur les priviléges accordés à la nouvelle possession et leurs inquiétudes sur l'établissement d'un monarchisme qui semblait menacer la liberté, commencèrent les murmures et les troubles; lorsque les concussions et les mauvais traitements firent sonner l'alarme et secouer aux Américains le joug de la dure Angleterre, en resserrant les bornes du grand mot *patrie* aux limites du continent, la France entra-t-elle pour quelque chose dans les motifs de cette rupture ? son intrigue ou sa perfidie aveugla-t-elle enfin les ministres anglais sur les conséquences et les suites de cette effrayante rumeur qu'ils affectaient de mépriser ?

Le feu du mécontentement couvait de toutes parts en Amérique. Mais lorsqu'au moment de l'acte du timbre, en 1766, l'incendie allumé à Boston se propagea dans toutes les villes du Nord ; quand l'émeute sanguinaire de cette ville anima les habitants à poursuivre hautement le rappel des gouverneur et lieutenant de Massachussets-Bay ; lorsque l'affaire du senau de Rodes-Island força les Anglais de rappeler ces deux officiers et de retirer l'acte imprudent du timbre, l'intrigue ou la perfidie de la France eut-elle la moindre part à ces événements préparatoires de la liberté des colonies, sur lesquels l'administration anglaise daignait à peine encore ouvrir les yeux ?

Bientôt le fatal impôt sur le thé, l'évocation des grandes affaires à la métropole, l'installation des tribunaux nommés par la cour, et mille autres attentats à la liberté des colonies firent prendre les armes à tous les citoyens, et former enfin ce grand corps devenu si funeste aux Anglais d'Europe, *le congrès de Philadelphie*. Mais tant d'imprudence et d'aveuglement de la part du cabinet de Saint-James furent-elles le fruit de l'or, de l'intrigue et de la perfidie de notre ministère ?

Excitâmes-nous le soulèvement des cadets, les hostilités du général Gages à Boston, la proscription du thé dans toutes les colonies, et tous ces grands mouvements qui avertirent l'univers que l'heure de l'Amérique était enfin arrivée ; pendant que les ministres anglais, tels que ce duc d'Olivarès, si connu par le compte insidieux qu'il rendit à son roi, Philippe, de la révolte du duc de Bragance, trompaient ainsi leur roi, Georges, et le berçaient perfidement du plus absurde espoir sur la réduction de l'Amérique ?

L'intrigue ou la perfidie de la France dirigea-t-elle les efforts vigoureux d'un peuple élancé vers la liberté par la tyrannie, quand les vaisseaux anglais furent si fièrement renvoyés en Europe ? Fut-ce la France encore qui échauffa l'obstination anglaise à les ramener en Amérique, et celle des Américains à les refuser, à en brûler les cargaisons ?

Et la rupture ouverte entre les deux peuples, et les armements réciproques, et l'affaire honteuse de Lexinton, et celle de Bunkershill, et la lâcheté des Anglais d'armer les esclaves contre les maîtres en Virginie, et celle encore plus grande d'y contrefaire les papiers-monnaies pour les discréditer, espèce d'empoisonnement inconnu jusqu'à nos jours, et toutes les horreurs qui ont porté l'Amérique à publier enfin son indépendance, à la soutenir à force ouverte, ont-elles été le fruit de l'intrigue et de la perfidie françaises, ou celui de l'avidité, de l'orgueil, de la sottise et de l'aveuglement anglais ?

Vit-on la France alors se permettre d'user des droits du plus ancien, du plus profond, du plus juste ressentiment, pour fomenter chez ses voisins malheureux la révolte et le trouble ?

Spectatrice tranquille, elle oublia tous les manques de foi de l'Angleterre, et les intérêts de son propre commerce, et la grande raison d'Etat qui permet, qui peut-être ordonne de profiter des divisions d'un ennemi naturel pour entretenir sa détresse ou provoquer son affaiblissement, quand une expérience de plus d'un siècle a prouvé que nul autre moyen ne peut le rendre juste et loyal envers nous ?

Ainsi, quoique le palais de Saint-James ne méritât, comme on voit, aucun des égards que celui de Versailles lui prodiguait en cette occasion si majeure, la France n'en resta pas moins rigoureusement indifférente et passive sur les querelles intestines de son injuste rivale.

Elle fit plus. Pour tranquilliser cette rivale inquiète, elle déclara qu'elle garderait la neutralité la plus exacte entre les deux peuples, et l'a religieusement gardée jusqu'au moment où la raison, la prudence, la force des événements et surtout le soin de sa propre sûreté, l'ont obligée, sous peine d'en être victime, à changer publiquement de conduite, à se montrer ouvertement sous un autre aspect.

Mais pourquoi l'Angleterre, à l'instant de la neutralité, n'osa-t-elle pas l'envisager comme un manque de foi de la France et la lui reprocher comme une infraction aux traités subsistants? C'est qu'elle savait bien que la question qui soulevait ses colonies ne pouvait pas s'assimiler à ces mouvements séditieux que le succès même ne justifie point, et que le prince a le droit de punir dans des royaumes plus absolus.

C'est que le nom générique *roi*, dont la latitude est si étendue, qu'aucun de ceux qui s'en honorent n'a un état, un sort, un pouvoir ni des droits semblables : c'est que ce nom si difficile à porter, ayant une acception absolument différente dans les pays soumis au gouvernement d'un seul, tels que la paisible monarchie française, et dans les gouvernements mixtes et turbulents, tels que la royale-aristo-démocratie anglaise ; l'acte qui, du Languedoc ou de l'Alsace en France, eût été justement regardé chez nous comme un crime de lèse-majesté au premier chef, n'était en Angleterre qu'une simple question de droit soumise à l'examen de tout libre individu.

C'est que le refus, de par le roi, de faire justice à l'Amérique, et le redressement, à coups de canon, de ses longs griefs, y devaient être envisagés comme un des plus grands abus du pouvoir, comme la subversion totale des lois constitutives, et l'usurpation la plus dangereuse pour un prince de la maison de Brunswick : car il ne devait pas oublier qu'un pareil soulèvement avait fait passer la couronne en sa maison, mais à condition de la porter comme *king* anglais, et non à la manière du roi de France.

C'est que la réclamation véhémente des colonies, sur le droit de n'être jamais taxé sans représentants, et celui d'être toujours jugé par ses pairs, sous la forme des jurés, avait trouvé tant de partisans en Angleterre, qu'elle tenait et tient encore la nation très-divisée sur un objet si intéressant à l'état civil de chaque citoyen anglais.

C'est que, même aux assemblées du parlement, et dans quelques ouvrages des hommes les plus respectés des deux Chambres, on a porté le doute à ce sujet au point d'agiter hautement si les Anglais ne sont pas plus rebelles à la Charte commune et constitutive que les Américains.

C'est que milord Abington, l'un des hommes les plus justes et les plus éclairés d'Angleterre, a été jusqu'à proposer en pleine chambre, à toute l'opposition, de se retirer du Parlement, et d'y graver sur les registres, pour cause de leur *sécession* (mot nouveau qu'il fit exprès pour exprimer cette insurrection nationale), que le Parlement et le prince avaient de beaucoup passé leur pouvoir en cette guerre ; que le Parlement surtout, composé des représentants du peuple anglais, n'avait pas dû jouer la farce odieuse des valets-maîtres, et sacrifier l'intérêt de ses commettants à l'ambition du prince et des ministres.

C'est que, dans le cas d'un pareil abus, le peuple avait droit, dit-il, de retirer un pouvoir aussi mal administré, parce qu'à lui seul appartient la décision d'une guerre comme celle d'Amérique, en sa qualité de législateur suprême et de premier fondateur de la constitution anglaise.

Or, si, même en Angleterre, il n'était pas décidé lequel est rebelle à la constitution, de l'Anglais ou de l'Américain, à plus forte raison, un prince étranger a-t-il bien pu ne pas se donner le soin d'examiner la question qui divisait les deux peuples, et rester froid en leur querelle ! Et c'est aussi le terme où le roi s'est tenu.

Ce refus de juger entre l'ancienne et la nouvelle Angleterre, ce principe équitable et non contesté de la neutralité du roi de France une fois posé, détruisait d'avance cette foule d'objections subtiles échappées depuis aux logiciens d'Oxford, de Cambridge et de Londres ; à savoir : si le roi de France devait ouvrir ou fermer ses ports aux vaisseaux des deux nations belligérantes, ou seulement à l'une des deux? s'il ne devait pas restreindre les droits de son commerce par complaisance pour une nation qui ne respecte les droits de personne? et surtout s'il ne devait pas interdire à ses armateurs les ports du continent d'Amérique, en recevant les Américains dans les siens? Questions, comme on voit, aussi vaines à proposer qu'inutiles à répondre. Car, par le droit absolu de sa neutralité, le roi ne devait aux deux nations qu'un traitement absolument égal, soit qu'il admît, soit qu'il rejetât leurs navires.

Ainsi de même qu'il y aurait contradiction, quand la France ouvre ses ports aux vaisseaux anglais, danois, hollandais et suédois, d'interdire aux négociants français la liberté d'aller commercer à Londres, à la Baltique, au Zuiderzée, etc., de même, en recevant les vaisseaux américains sur le pied de toutes ces nations dans ses ports, la France ne pouvait, sans contradiction, refuser à ses armateurs la liberté d'aller commercer à Boston, à Williamsburg, à Charlestown, à Philadelphie ; car tout ici devait être égal.

Telles étaient, selon mon opinion, les conséquences rigoureusement justes que la France devait tirer de sa neutralité, relativement à son commerce ; et si le roi de France, oubliant les longs ressentiments de ses auteurs, voulait bien avoir des égards pour ses injustes voisins en guerre avec leurs frères, Sa Majesté devait croire, à plus forte raison, sa justice intéressée à ne pas soumettre en pleine paix ses fidèles sujets les commerçants maritimes à des interdictions, à des privations qu'aucun souverain de l'Europe ne paraissait imposer aux siens.

Laisser nos ports ouverts et libres à toutes

les nations qui ne nous faisaient pas la guerre, et ne point priver les Anglais du droit de nous épuiser, par le commerce, de toutes les productions françaises, en laissant aux Américains la liberté de nous les acheter en concurrence, n'était-ce pas, de la part du roi, conserver à la fois les égards accordés aux étrangers, et maintenir la protection essentiellement due par tout monarque équitable au commerce de ses Etats?

Eh bien! en déclarant franchement, et selon mon opinion, que telle était la conduite que la France devait tenir, je suis obligé d'avouer que, soit délicatesse, austérité dans la morale d'un jeune et vertueux roi, dont le cœur n'a pas vieilli, ne s'est pas consumé dans cette colère et ce désir de se venger des Anglais, que son aïeul a gardés jusqu'au tombeau; soit amour pour la paix, soit égards de nos ministres pour les embarras de l'injuste Angleterre, ou je ne sais quelle aveugle complaisance pour les représentations du vicomte de Stormont, qui ne cessait de les harceler, tout en reconnaissant les négociants français fondés dans leurs demandes de protection pour le commerce qu'ils voulaient ouvrir avec l'Amérique, les ministres du roi se sont toujours tenus à leur égard dans la plus excessive rigueur. Si quelque chose aujourd'hui doit les faire repentir de leur condescendance, n'est-ce pas de voir l'honnête écrivain du *mémoire justificatif* essayer d'établir, comme un trait de leur perfidie, cette anxiété qui ne fut qu'une lutte perpétuelle et douloureuse entre leur autorité réprimante et les efforts très-actifs d'un commerce éclairé sur nos vrais intérêts?

Lorsqu'à toutes les raisons qui militaient, dans mes requêtes, en faveur du commerce de France, j'ajoutais, avec cette liberté qu'un grand patriotisme peut seul excuser ; quand j'ajoutais, dis-je, qu'il paraîtrait bien étrange à toute l'Europe que le roi de France eût la patience de laisser payer à sa ferme du tabac jusqu'à cent francs le quintal de cette utile denrée, de souffrir même qu'elle en manquât, pendant que l'Amérique en regorgeait : que si la guerre entre l'Angleterre et ses colonies durait encore deux ans, le roi, pour n'avoir pas voulu même user des plus justes droits de sa neutralité, s'exposait à voir les vingt-six ou trente millions de sa ferme du tabac très-compromis ; et cela parce qu'il plaisait aux Anglais, qui ne pouvaient plus nous fournir cette denrée, de nous en interdire insolemment l'achat dans le seul pays du monde où sa culture était en vigueur : espèce d'audace si intolérable, qu'à Londres même on plaisantait hautement de notre mollesse à la supporter !

Lorsque, par ces raisons et d'autres semblables, je pressais nos ministres de délier les bras au commerce de France, comme on ne peut pas supposer que ce fût faute de nous bien entendre qu'ils nous tenaient rigueur, il faut donc en conclure qu'un excès de condescendance pour nos ennemis les rendait sourds à nos instances ! Excès d'autant plus étonnant, qu'il était aisé de deviner, ce que l'expérience prouve aujourd'hui, qu'on ne leur en saurait jamais nul gré de l'autre côté de la Manche.

Maintenant, si j'ai bien montré qu'après plusieurs siècles d'un ressentiment légitime, et selon les principes du *droit naturel*, sous les relations seules duquel les peuples ou les royaumes existent les uns à l'égard des autres, la France aurait pu, sans scrupule, user de toutes les occasions de se venger de l'Angleterre, et de l'abaisser en favorisant les mouvements de ses colonies; et qu'elle ne l'a pas fait!

Si j'ai bien montré qu'en suivant l'exemple, en imitant les procédés de l'Angleterre, la France pouvait abuser des embarras où la guerre d'Amérique plongeait ses ennemis naturels, pour fondre inopinément sur leurs flottes marchandes ou sur leurs possessions du golfe; ce qui, loin de nous attirer la guerre, eût condamné l'Angleterre à une paix éternelle, et que, par délicatesse et par honneur, elle ne l'a pas voulu faire!

Il ne me reste plus qu'à prouver, d'après les citations du *mémoire justificatif* qui touchent à notre commerce, à ma personne, à mes vues, au prétendu concours du ministère, il me reste à prouver que le vicomte de Stormont, contre la vérité, contre ses lumières et contre sa conscience, n'a pas cessé d'envoyer à sa cour des exposés très-faux de la conduite de la nôtre; et c'est ce que je vais faire à l'instant.

Je commencerai par convenir franchement et sans détour que les négociants français, parmi lesquels je me nomme, ont fait, malgré la cour, des envois d'habits, d'armes et de munitions de toute espèce en Amérique; et que, s'ils ne les ont pas multipliés davantage, c'est que la rigueur de notre administration n'a pas cessé de mettre des entraves à leurs armements; et je conviens de cela, non-seulement parce que c'est la vérité, mais parce que je crois qu'en cette occasion les armateurs français n'étaient tenus à d'autre devoir qu'à celui de ne pas heurter, par les spéculations de leur intérêt, l'intérêt politique du roi de France.

Ils pouvaient même ignorer si le roi, par austérité, voyait leurs efforts de mauvais œil; car sous un prince aussi bon, aussi juste, il y a bien loin encore du malheur de lui déplaire au crime affreux de lui désobéir. D'ailleurs, l'écrivain anglais, qui fait dans son *mémoire justificatif* une si fausse application du mot *contrebande* aux expéditions hasardées de notre commerce, ne sait-il pas ou feint-il d'ignorer qu'une marchandise dont l'échange ou la vente est libre en un royaume n'y devient point contrebande, uniquement parce que son exportation ou sa destination peut nuire à une puissance étrangère; et que le négociant, qui n'est jamais appelé dans le traité entre les rois, ne doit se piquer de les étudier que dans les points qui croisent ou favorisent ses spéculations?

A quel titre donc un armateur devrait-il des égards aux rivaux étrangers, aux ennemis de son commerce? Par la nature même des choses, dans la guerre maritime, le malheureux armateur n'est-il pas condamné à supporter seul tout le poids des pertes que fait l'Etat sans jamais obtenir de dédommagement? Dans la guerre de terre au moins, pendant que les stipendiaires de la royauté se disputent à coups de canon ou de fusil un terrain, une ville, un pays, un immeuble enfin, dont le revenu doit dédommager le prince attaquant des frais qu'il fait pour la conquête, le citadin, le marchand, le bourgeois qui n'a pas pris les armes, attend l'événement sans le craindre, et reste libre possesseur de son bien, à condition seulement de payer au nouveau maître le tribut que l'ancien exigeait, à quelques abus près.

Mais comme il est écrit qu'on ne se bat jamais pour ne rien piller; que si l'homme est né pillard, la guerre, et surtout celle de mer, réveille en lui cette passion que le frein des lois n'a fait qu'assoupir; et comme, dans cette guerre de mer, il n'y a point d'immeuble à conquérir qui puisse acquitter les dépens en donnant des subsides, et que le champ de bataille est toujours aux poissons ; quand les nobles enragés sont séparés, partis ou coulés bas, tous les héros de l'Océan sont convenus entre eux, pour premier retour de leurs frais, et suivant la morale des loups, de commencer par courir sur les vaisseaux désarmés du commerce paisible, et de s'emparer, sans raison, sans pitié ni pudeur, de la propriété du négociant, qui ne fait nulle défense : sauf à combattre et à se déchirer entre eux lorsqu'ils se rencontreront face à face. En sorte qu'à la paix, lorsque les états fatigués se font grâce ou justice, ou que se forçant la main, à raison des succès, ils se dédommagent réciproquement de leurs pertes, le pauvre armateur, à qui l'on ne songea seulement pas, qui perdit tout, à qui l'on ne rend rien, reste seul dépouillé, par le vol impuni qui lui fut fait, à lui qui n'était en guerre avec personne !

De cet abominable état des choses il résulte que la violence avec laquelle on rend l'armateur première victime des querelles entre les rois ne peut laisser dans son cœur qu'une haine invétérée contre les étrangers ennemis de son commerce et de ses propriétés. Il en résulte encore qu'on ne pourrait lui envier sans porter un cœur infernal, la seule ressource qui lui reste contre tant de périls accumulés, celle de saisir toutes les occasions, tous les moyens de rendre ses spéculations et promptes et lucratives.

Donc, et n'en déplaise au vicomte de Stormont, qui fait des négociants français de vils instruments de la perfidie de nos ministres, il ne nous a fallu que l'espoir de balancer les risques par les avantages, pour nous déterminer d'armer pour l'Amérique : et notre calcul, à cet égard, étant plus fort que toute insinuation ministérielle, nous avons cru, comme je l'ai dit, être seulement tenus à l'obligation de ne pas heurter dans nos entreprises l'intérêt reconnu du prince qui nous gouverne. Mais, certes, et n'en déplaise encore au vicomte de Stormont, au cabinet anglais, à l'écrivain du manifeste, aucun de nous n'a pensé qu'il dût à l'injuste Angleterre le délicat égard de détourner ses spéculations d'un pays, parce qu'il était devenu son ennemi. Tous, au contraire, ont dû prévoir que les Américains, ayant de plus pressants besoins en raison de la guerre anglaise, mettraient un plus haut prix aux denrées qui leur étaient nécessaires: tel a été le véhicule général du commerce de France.

Quant à moi, qu'un goût naturel pour la liberté, qu'un attachement raisonné pour le brave peuple qui vient de venger l'univers de la tyrannie anglaise, avait échauffé, j'avoue avec plaisir que, voyant la sottise incurable du ministère anglais, qui prétendait asservir l'Amérique par l'oppression, et l'Angleterre par l'Amérique, j'ai osé prévoir le succès des efforts des Américains pour leur délivrance; j'ai même osé penser que, sans l'intervention d'aucun gouvernement, ni des colosses maritimes qu'ils soudoient, l'humiliation de l'orgueilleuse Angleterre pourrait bien être avant peu l'ouvrage de ces *vils poltrons*, si dédaignés de l'autre continent, aidés de quelques vaisseaux marchands ignorés, partis de celui-ci.

J'avoue encore que, plein de ces idées, j'ai osé donner, par mes discours, mes écrits et mon exemple, le premier branle au courage de nos fabricants et de nos armateurs, et que je n'ai jamais cru, quoi qu'on en ait pu dire, manquer au devoir d'un bon sujet envers mon souverain, en formant une société maritime, en établissant une liaison solide de commerce entre l'Amérique et ma maison, en me chargeant d'acheter et d'embarquer en Europe tous les objets qui pouvaient être utiles à mes braves correspondants, *les vils poltrons de l'Amerique.*

Mais si je ne prétendais pas à la protection de la cour, j'avoue que j'étais loin de croire que le vicomte de Stormont, dont la plus grande affaire était de harceler l'administration, aurait le crédit de l'engager par ses clameurs à porter une inquisition sévère et jusqu'alors inouïe sur le cabinet des négociants, et d'en arrêter les spéculations.

Mais puisque cet objet de sa mission, qu'il n'a que trop bien remplie à l'avantage de l'Angleterre, a malheureusement ruiné les efforts et les entreprises des armateurs français, pourquoi donc cet ingrat vicomte, qui, dans ses rapports ministériels, cite avec tant d'emphase neuf ou dix vaisseaux chargés par moi pour les Américains à la fin de 1776, et qui les distingue si subtilement de ma frégate l'*Amphitrite*, a-t-il résolu d'apprendre à sa cour que notre ministère, étourdi de ses plaintes, avait perdu de vue la protection qu'il nous devait peut-être, et que, loin de nous l'accorder, il avait accablé le commerce de prohibitions, et surtout avait presque étouffé ma société naissante, en mettant un embargo général sur tous mes bâtiments?

En vain représentai-je alors, qu'être soumis à l'inspection des douaniers anglais sur mer, et s'y voir exposé à tout perdre sans espoir de réclamation, si l'on était pris à l'atterrage de l'Amérique avec des marchandises prohibées par l'Angleterre, était courir assez de dangers sans que la France aidât encore à restreindre les plans de ses armateurs; le ministère, inflexible, exigea rigoureusement que tous ces bâtiments prissent des expéditions pour nos îles, et fissent leurs soumissions de ne point aller commercer au continent

Quel motif engagea donc cet ambassadeur de taire à sa cour les complaisances excessives que la nôtre avait pour lui ? Pourquoi lui cacha-t-il que, sur sa délation, le 10 décembre 1776, le ministre de la marine fit arrêter au Havre et visiter exactement tous mes vaisseaux ? que dans ce port où se trouvaient alors l'*Amphitrite*, le *Romain*, l'*Andromède*, l'*Anonyme* et plusieurs autres, si le premier de ces bâtiments, déjà lancé dans la grande rade, esquiva la visite, tous les autres la subirent, et si rigoureuse, qu'ils furent déchargés publiquement, au grand dommage de mon entreprise ?

Pourquoi, dans la joie qu'il en devait ressentir, n'ajouta-t-il pas que, ne pouvant espérer aucun terme, obtenir aucun adoucissement à ses ordres prohibitifs, je fus obligé de désarmer tous mes navires ? En effet, il est de notoriété que, si quelques-uns ensuite ont pu partir, ce n'a été qu'en avril, mai et juin de l'année suivante ; encore a-t-il fallu changer leurs noms, leurs chargements, et donner les plus fortes assurances qu'ils n'iraient qu'à nos îles du golfe ! M. l'ambassadeur niera-t-il qu'ils y ont été réellement, lorsqu'il sait que l'un d'eux, la *Seine*, a, pour prix de mon obéissance, été enlevé à la pointe des Prêcheurs, atterrage de la Martinique, au grand scandale de tous les habitants qui le virent, et conduit à la Dominique, où, sans autre forme de procès, le pavillon anglais y fut arboré sur-le-champ, et le nôtre jeté dans la mer avec de grands cris d'*huzza* et les plus tristes feux de joie ?

Comment ce profond politique, cet ambassadeur devenu ministre, s'est-il abstenu d'écrire à sa cour que le même embargo fut mis sur mes vaisseaux à Nantes, et que la *Thérèse*, arrêtée dans ce port, ne put partir qu'en juin 1777, après la plus sévère visite, et lorsqu'on fut bien certain qu'elle ne portait point de munitions, surtout lorsque le capitaine se fut soumis à n'aller qu'à Saint-Domingue, où il a demeuré près d'un an', ainsi que l'*Amélie*, à mon très-grand dommage encore, puisque quatre petits bâtiments bermudiens que j'y avais fait acheter pour conduire au continent les cargaisons de ces navires d'Europe, ont été tous pris, soit en allant, soit en revenant?

Pourquoi ne manda-t-il pas à sa cour qu'en janvier 1777, mon *Amphitrite* ayant relâché à Lorient, le ministère, à sa sollicitation, fit arrêter ce bâtiment, sous prétexte que plusieurs officiers s'y étaient embarqués pour aller offrir leurs services aux Américains?

Comment à cette occasion put-il omettre dans ses dépêches, que la cour envoya l'ordre au plus considérable de ses officiers de rejoindre à l'instant son corps à Metz, et d'y rendre compte de sa conduite; et qu'apprenant que l'officier éludait d'obéir, elle fit dépêcher exprès un courrier à Lorient, avec ordre de l'arrêter, de le casser, et de l'enfermer pour le reste de ses jours au château de Nantes, rigueur à laquelle il n'échappa qu'en se sauvant seul et presque nu, sans oser reparaître au vaisseau; que le ministre ne rendit même à ma frégate la liberté de partir qu'après avoir exigé du capitaine une soumission positive et par écrit qu'il n'irait qu'à Saint-Domingue, sous toutes les peines qu'il plairait de lui infliger à son retour, s'il y manquait?

Mais une autre réflexion se présente, et je ne dois pas la retenir, puisque l'écrivain du roi d'Angleterre l'a négligée. La cour de France, une puissance étrangère indifférente et neutre, s'opposait au noble emploi que des officiers, la plupart étrangers, voulaient faire de leur loisir en faveur des Américains! mais que nous importait à nous, pour qui leur bravoure allait s'exercer? et par quel excès de complaisance pour l'ambassadeur anglais nos ministres établissaient-ils une telle inquisition contre les partisans de l'Amérique, lorsqu'il est prouvé, par le fait, que le neveu du maréchal de Thomond, de milord Clare, que le comte de Bulkley enfin, le plus ardent Anglais qui ait jamais été souffert au service de France, obtenait d'eux sans peine la permission d'aller solliciter à Londres du service contre l'Amérique? Si la solution de ce problème échappe à mes lumières, ce qui frappera tout le monde ainsi que moi, c'est que la comparaison et le rapprochement de ces deux procédés devraient au moins faire trouver grâce à nos très-complaisants ministres devant ce terrible ambassadeur, et que son zèle et ses travaux n'eussent pas semblé moins importants à sa patrie, et l'eussent également porté lui-même au ministère où il brûlait d'arriver, si, au lieu de calomnier notre cour, il eût rendu compte à la sienne de tout ce qu'il en obtenait journellement.

Quoique la politique au fond ne soit partout qu'une sublime imposture, on n'a pas encore vu d'ambassadeur se donner des licences aussi étendues sur la sublimité de la sienne! Il était réservé au vicomte de Stormont d'en offrir le digne exemple à l'univers! — Mais c'est la France, dit-il, qui envoyait ces officiers en Amérique. — Eh! grand *peloticien* ou *politiqueur!* y a-t-il beaucoup de raisonneurs de votre force en Angleterre? et pensez-vous que le congrès, qui n'a pas cru devoir tenir un seul des engagements pris devant moi par ses agents en Europe, avec les officiers que je lui adressais, qui même a refusé du service à presque tous en arrivant, eût manqué d'égard à ce point pour notre cour, s'il eût pensé que ces généreux guerriers lui étaient envoyés par un roi dont il sollicitait si vivement le secours et l'amitié? de quel œil aussi pensez-vous que le roi de France eût vu le renvoi des officiers, si ce prince eût été pour quelque chose en l'arrangement de leur départ? On se fait donc un grand bonheur de déraisonner à Londres?

Cette réflexion seule est un trait de lumière qui nous met tous dans notre vrai jour, Anglais, Français, travailleurs et raisonneurs.

A la vérité, mon zèle empressé pour mes nouveaux amis pouvait être blessé du peu d'accueil qu'ils faisaient à de braves gens que j'avais portés moi-même à s'expatrier pour les servir. Mes soins, mes travaux et mes avances étaient immenses à cet égard. Mais je m'en affligeai seulement pour nos malheureux officiers, parce que, dans ces refus même des Américains, je ne sais quelle émulation, quelle fierté républicaine attirait mon cœur et me montrait un peuple si ardent à conquérir sa liberté, qu'il craignait de diminuer la gloire du succès s'il en laissait partager le péril à des étrangers.

Mon âme est ainsi composée : dans les plus grands maux elle cherche avec soin, pour se consoler, le peu de bien qui s'y rencontre. Ainsi, pendant que mes efforts avaient si peu de fruit en Amérique et que les Anglais essayaient de tout corrompre autour de moi pour l'atténuer encore, de lâches ennemis m'accusaient dans mon pays d'être soudoyé par la cour de Londres, pour l'avertir à temps du départ de tous nos vaisseaux de commerce, et la mettre à même de s'en emparer. Et moi, soutenu par ma fierté, je dédaignais de me défendre, et je livrais ces méchants à leur propre honte, en me promettant bien de ne jamais souiller mon papier de leur nom. Les oisifs de Paris enviaient mon bonheur et me jalousaient comme un favori de la fortune et des puissances : et moi, triste jouet des événements, seul, privé de repos, perdu pour la société, desséché d'insomnie et de chagrins, tour à tour exposé aux soupçons, à l'ingratitude, aux anxiétés, aux reproches de la France, de l'Amérique et de l'Angleterre, travaillant nuit et jour, et courant à mon but avec effort, à travers ces landes épineuses, je m'exténuais de fatigue, et j'avançais fort peu. Mais mon courage renaissait, quand je pensais qu'un grand peuple allait bientôt offrir une douce et libre retraite à tous les persécutés de l'Europe; que ma patrie serait vengée de l'abaissement auquel on l'avait soumise par le traité de 1763; que le voile obscur, le crêpe funéraire dont notre port de Dunkerque était enveloppé depuis soixante ans, serait enfin déchiré; qu'enfin la mer devenue libre aux nations commerçantes, Marseilles, Nantes et Bordeaux pourraient le disputer à Londres, et devenir à leur tour les cabarets de l'univers. J'étais soutenu par l'espoir qu'un nouveau système de politique allait éclore en Europe, et que l'Angleterre une fois remise à sa vraie place, le nom français serait aimé, chéri, respecté partout. J'ajouterais encore que j'étais ranimé par l'espoir de voir le règne actuel exalté comme un des plus beaux de la monarchie, si, dans cet écrit austère et brusquement jeté, je ne m'étais pas interdit tout éloge, et même celui du jeune roi qui nous donne un si grand espoir par la sagesse de ses vues et son amour simple et vrai pour le bien, dans l'âge où presque tous les hommes ne se font remarquer que par des folies, des ridicules ou des travers.

Ce bel avenir me rendait mon courage et ma gaîté même; au point qu'un ministre anglais m'ayant fait l'honneur, au sujet de l'*Amphitrite*, de dire à quelqu'un, en riant, que j'étais un bon politique, mais un mauvais négociant, je répondis sur le même ton : qu'il laisse faire au temps ; la fin seule peut nous montrer lequel aura plus prospéré, moi dans mon petit commerce, et lui dans sa grande administration.

Dans un pareil état des choses, on sent bien que le cabinet de Saint-James eût appris avec joie, par son ambassadeur, qu'au retour de ma frégate l'*Amphitrite*, mon capitaine, accusé de désobéissance, avait été scandaleusement arrêté, puis traîné en prison, quoique son journal prouvât qu'il n'avait fait que céder à l'empire des circonstances ; et qu'ayant resté quatre-vingt-dix jours en route, et trente-cinq sans se reconnaître, il s'était vu près de périr de misère à l'instant qu'il fut porté sur le continent : mais son crime était d'y avoir jeté l'ancre; et je suis persuadé, moi, que le lord North aurait su bon gré à l'ambassadeur, s'il eût appris par lui que la mine terrible qu'il en fît à nos ministres avait coûté trois mois de cachot à mon malheureux capitaine, et à moi deux mille écus d'indemnité que je crus lui devoir, pour payer les humeurs du vicomte de Stormont.

C'est ainsi que chaque fait articulé dans le *mémoire justificatif*, d'après le rapport de cet ambassadeur, est faux, insidieux ou controuvé. Voyez-le citer comme un crime un bâtiment, *l'Heureux*, à moi, parti de Marseille en septembre 1777, et dissimuler en même temps à sa cour que ce vaisseau, *l'Heureux*, le plus malheureux des vaisseaux, était depuis dix mois dans le port, équipé, chargé, prêt à partir, puis arrêté à la sollicitation de lui vicomte, enfin déchargé deux fois publiquement par ordre du ministre; et que ce n'est qu'après ces éclats scandaleux et dommageables que ce vaisseau, qui m'avait ruiné par un si long séjour et des dépenses si énormes, a obtenu la liberté de sortir du port avec des comestibles seulement, et sans aucune munition de guerre. Car s'il a relâché ailleurs pour accomplir son chargement, qui n'était pas même au tiers, c'est un fait absolument étranger à nos ministres, puisqu'il s'est passé loin du royaume, et hors de la longueur de leurs bras.

Ainsi, lorsque ce mémoire parle de mes armements de Dunkerque, il se garde bien d'avouer que l'administration, toujours aussi sévère à mon égard qu'attentive aux plaintes de l'ambassadeur anglais, donna l'ordre exprès de visiter dans ce port tous les vaisseaux annotés par l'inquisition *stormonienne*, et de les décharger sans pitié, s'ils avaient à bord des munitions de guerre; que l'un d'eux, *la Marie-Catherine*, se trouvant en rade à l'instant où l'ordre arriva, put se dérober à sa rigueur, et se rendre à la Martinique avec un chargement d'artillerie, assuré à Londres même; mais que les autres furent visités, déchargés, et forcés d'aller en lest chercher du fret en Amérique, sans que j'aie pu depuis trouver une autre occasion de rembarquer mes cargaisons militaires, tant l'attention du gouvernement à y veiller a été sévère et continuelle!

Voilà ce que le vicomte de Stormont pouvait bien apprendre à sa cour; il eût honoré sa vigilance, et n'eût point trahi la vérité : mais c'est ce dont on s'embarrasse le moins en politique. Il devait même ajouter que, dans la colère où je fus de ce qui m'arrivait à Dunkerque, ayant appris que le sieur Frazer, commissaire anglais, odieux par son emploi, mais personnellement détesté dans ce port, avait osé corrompre et fait passer en Angleterre un de nos bons pilotes-côtiers, et beaucoup de matelots français, je me procurai toutes les preuves juridiques de ce honteux délit : mais que je ne pus jamais obtenir du gouvernement que le commissaire insolent fût poursuivi pour ce crime de lèse-nation ; et je ne l'obtins pas, je m'en souviens bien, parce que les soins que je m'étais donnés à ce sujet pouvaient être taxés de récrimination par l'ambassadeur anglais. Je dirai tout ; car ce n'est ici ni le lieu ni le temps de flatter personne. Un écrit destiné à relever le flagornage anglais du *mémoire justificatif* ne doit pas être à son tour accusé d'une imbécile partialité pour la France.

Mais le comble de la mauvaise foi, dans les rapports de l'ambassadeur d'Angleterre, est le compte insidieux qu'il rend à sa cour de l'*Hippopotame*, ce vaisseau que j'ai nommé le *Fier Rodrigue*, et qui, depuis, a eu l'honneur d'être jugé digne par le général-amiral d'Estaing de contribuer, sous ses ordres, au succès des armes du roi près la Grenade, lesquels ne sont point, comme dit l'écrivain emmiellé du *mémoire justificatif*, des triomphes de gazettes, ni des succès à coups de presse, mais de beaux et bons succès à coups de canon.

C'est le compte insidieux qu'il rend à sa cour de ses prétendus *quatorze mille fusils que j'y devais embarquer, et des autres munitions de guerre à l'usage des rebelles*, cités dans le *mémoire justificatif*, aucun armement n'ayant été plus ouvertement, plus cruellement molesté, pour complaire au vicomte de Stormont. Voici le fait ; on le trouvera concluant.

Tant de vaisseaux arrêtés dans nos ports, tant de déchargements faits par ordre supérieur, tant d'opérations manquées ou suspendues, tant d'or et de temps perdus, et surtout l'obligation forcée d'exécuter rigoureusement les ordres prohibitifs de la cour sur les munitions de guerre, avaient enfin changé mes plans d'armements.

Bientôt, apprenant que les Anglais m'avaient enlevé beaucoup de navires, et qu'il ne me restait d'autres moyens de marcher librement que de me rendre redoutable aux corsaires, je fis acheter par un tiers et sur criées publiques, en avril 1777, l'*Hippopotame*, vaisseau de ligne que le roi faisait vendre à Rochefort. On le mit au radoub aussitôt pour être armé en guerre et marchandises, et toute sa cargaison, de la valeur d'un million, consistant en vin, eau-de-vie, marchandises sèches, et sans une seule arme, une seule caisse de munitions, fut à l'instant transportée à Rochefort pour partir au plus tôt.

Mais ce fatal ambassadeur, dont la grande affaire était de désoler notre commerce sur terre, pendant que les corsaires de sa nation l'outrageaient et le pillaient sur mer ; ce profond politique, qui partageait son temps entre le plaisir d'impatienter nos ministres en France et celui de les calomnier en Angleterre, s'en vint faire à Versailles des lamentations..... si lamentables sur ce navire, en disant que je feignais d'équiper un bâtiment pour le commerce, et ne faisais qu'armer un vaisseau de guerre pour le service du Congrès, que la cour en fut ébranlée.

Sur ces nouvelles criailleries, le ministère, ignorant absolument que j'eusse part à cet armement, qui se faisait sous un nom supposé, donna les ordres les plus précis aux commandant et intendant de Rochefort, de découvrir sous main le nom et l'objet du vrai propriétaire de ce vaisseau. J'appris la recherche de la cour, et je fis adresser du lieu de l'armement le mémoire suivant au ministre de la marine, sous une signature étrangère. Si je le joins ici, c'est que son caractère et son style donneront mieux que tous mes raisonnements une juste idée des relations qui existaient alors entre l'administration et le commerce de France.

MONSEIGNEUR,

Sur les interrogations faites à notre commissionnaire de Rochefort par le commandant de la marine, nous pensons qu'il n'y a qu'un de ces Anglais inquiets et rôdeurs dont nos ports sont remplis qui ait pu semer l'alarme si mal à propos sur nous, et fait inspirer à Votre Grandeur, par des voies qui leur sont familières, le dessein de porter une inquisition inconnue jusqu'ici sur le cabinet et les spéculations des négociants français.

Monseigneur, le vaisseau du roi *l'Hippopotame* était à vendre, apparemment que c'était pour que quelqu'un l'achetât. Nous l'avons bien acheté, bien payé; nous le faisons radouber à grands frais, et nous ne croyons pas qu'il y ait rien là de contraire aux lois du commerce, ni qui nous doive exposer au soupçon de vouloir contrarier les vues pacifiques du gouvernement.

Mais si un vaisseau d'un tel gabarit ne peut être destiné qu'à de hautes spéculations, n'est-il pas naturel, Monseigneur, que nous mettions ce navire en état de ne pas craindre, en pleine paix, de se voir harcelé, canonné, visité, fouillé, insulté, dépouillé, peut-être emmené, et confisqué malgré la régularité de nos expéditions (comme cela est arrivé à tant d'autres), s'il se trouve une aune d'étoffe dans nos cargaisons, dont la couleur ou la qualité déplaise au premier malhonnête Anglais qui nous rencontrera?

Lorsqu'il nous aurait bien outragés et fait perdre le fruit d'un bon voyage, peut-être il en serait quitte pour vous faire répondre par le ministère anglais, *que le capitaine était ivre, ou que c'est un malentendu*. Mais Votre Grandeur sait bien que si cette excuse banale et triviale suffit pour apaiser la vindicte du gouvernement français, l'utile négociant, dont le métier est de confier sa fortune aux flots, sur la foi des traités, n'en reste pas moins ruiné, malgré dédommagements promis dont on sait toujours trop bien éluder l'accomplissement.

Cependant Monseigneur, le négociant maritime étant de tous les sujets du roi celui que les traités doivent le plus envisager, est aussi celui qui a besoin d'une protection plus immédiate. Jetez un coup d'œil sur tous les états de la société, Monseigneur, et vous verrez que l'administration, le fisc, le militaire, le clergé, la robe, la terrible finance, et même la classe utile des laboureurs, tirent leur subsistance ou leur fortune de l'intérieur du royaume ; tous vivent à ses dépens. Le négociant seul, pour en augmenter les richesses ou les jouissances, met à contribution les quatre parties du monde ; et vous débarrassant utilement d'un superflu inutile, il va l'échanger au loin, et vous enrichit en retour des dépouilles de l'univers entier. Lui seul est le lien qui rapproche et réunit tous les peuples, que la différence des mœurs, des cultes et des gouvernements, tend à isoler ou à mettre en guerre.

Si donc le négociant se voit désormais obligé de rendre compte d'avance de ses spéculations, dont la réussite dépend toujours de la diligence et du secret, et qui sont soumises à des variations dépendantes de tous les événements politiques, il n'y a plus pour lui ni liberté, ni sûreté, ni succès, et la chaîne universelle est rompue.

Votre Grandeur s'apercevra bien que ce n'est pas pour éluder d'obéir que nous observons, mais seulement parce que nous pensons que d'établir une inquisition sur les secrets des négociants, par complaisance pour les rivaux du commerce français et les ennemis naturels de l'Etat, est un emploi de l'autorité sujet à des conséquences terribles, dont la moins funeste est de dégoûter le commerce, et d'éteindre l'émulation, sans laquelle rien ne se fait.

Lorsque notre commissionnaire s'est rendu, sous son nom, adjudicataire de l'*Hippopotame*, vous avez eu la bonté, Monseigneur, de lui promettre l'assurance du premier fret royal pour les colonies. Daignez remplir cette promesse : son exécution est le meilleur moyen de vous assurer de la vraie destination de notre vaisseau. Nous croyons, Monseigneur, que ce seul mot renferme toutes les explications que Votre Grandeur désire.

Nous sommes, avec le plus profond respect, etc.

Ce mémoire, fait pour fixer la vraie destination du *Fier Rodrigue*, et désarmer la cour, produisit un effet tout contraire en me décelant. On crut m'y reconnaître; et les cris de l'ambassadeur continuant sans relâche, et contre mon navire et contre ma personne, le ministère, à l'instant qu'il levait l'embargo momentané mis sur tous les autres vaisseaux du commerce, ordonna durement d'arrêter le mien dans le port, sans lui laisser l'espoir de partir en aucun temps.

Ayant eu dessein de l'armer en pièces de bronze, pour qu'il fût plus léger à la marche, en guerre et marchandises, j'avais fait acheter et transporter à grands frais de ces canons la quantité qui m'était nécessaire. Un nouvel ordre, arraché par mon Euménide, arriva, qui me força de revendre mon artillerie à toute perte, et n'en laissa pas moins subsister l'embargo mis sur mon navire.

En vain, j'offris personnellement au ministère d'embarquer sur ce vaisseau des troupes du roi pour Saint-Domingue, afin qu'on fût bien sûr de sa destination; en vain je proposai de soumettre ma cargaison à la visite la plus rigoureuse, pour qu'on fût certain qu'aucune munition n'entrait dans le chargement du *Fier Rodrigue*; en vain je déposai ma soumission de faire rentrer ce vaisseau dans six mois, avec expédition et denrées de Saint-Domingue, sous peine de la perte entière et du navire et de sa cargaison si j'y manquais. Le ministère fut inexorable, et malgré les plaintes qu'une telle rigueur m'arracha; malgré la dépense énorme d'un double achat, double transport et dispendieux chargement d'artillerie; malgré la perte résultant d'une cargaison d'un million retenue une année entière au lieu de son départ; malgré la mise continuelle et ruineuse de l'équipement d'un vaisseau de cette force, arrêté dans le port le même temps d'une année ; enfin, malgré les protestations que le désespoir me fit faire de rendre l'administration garante de mes pertes devant le roi même, et pour lesquelles aujourd'hui je suis en instance aux pieds de Sa Majesté, les ministres, fidèles à je ne sais quelle parole arrachée par l'ambassadeur anglais, ne voulurent jamais consentir à lever l'embargo de mon navire, et je déclare avec douleur que je n'ai obtenu cette tardive justice qu'après la notification du traité de commerce entre la France et l'Amérique, faite à Londres par le marquis de Noailles, et la brusque retraite de l'ambassadeur d'Angleterre, c'est-à-dire plus d'un an après le chargement et l'équipement du *Fier Rodrigue.*

Voilà ce que le vicomte de Stormont s'est bien gardé d'écrire à sa cour, et ce qu'il n'oserait démentir aujourd'hui. Je laisse en blanc mille autres faits très-affligeants pour notre commerce, et notamment pour moi, parce que cet extrait suffit au delà pour montrer quelle foi doit être accordée aux narrés, aux inculpations de ce long *mémoire justificatif.*

Lorsque le vicomte de Stormont résidait à Paris, et qu'il s'y débitait un mensonge politique, une fausse nouvelle un peu fâcheuse pour les Américains, on se souvient encore que le mot des députés du congrès, interrogés par tout le monde, était constamment : Ne croyez pas cela, Monsieur, *c'est du Stormont tout pur.*

Eh bien ! lecteur, on en peut dire autant du mémoire justificatif, *c'est du Stormont tout pur*, au style près, qui, bien qu'un peu traînant dans la traduction, ne manquerait pas de grâces ni la logique de justesse, si l'écrivain n'oubliait pas sans cesse que le lord Stormont en a fourni les données et qu'il écrit pour l'injuste Angleterre, dont les usurpations, la mauvaise foi, l'arrogance et le despotisme ont fait une classe absolument séparée de toutes les sociétés humaines.

Car si les royaumes sont de grands corps isolés, et plus séparés de leurs voisins par la diversité d'intérêts que par les barrières, les citadelles ou la mer qui les renferment; si leurs seules relations sont celles du *droit naturel*, c'est-à-dire celles que la conservation, le bien-être et la prospérité de chacun lui imposent, et si ces relations, diversement modifiées sous le nom de *droit des gens*, ont pour principe général, selon Montesquieu même, *de faire son propre bien avec le moins de mal possible aux autres*, il semble que l'Angleterre, ayant mis tout son orgueil à s'écarter de cette loi commune, ait choisi pour principe fondamental de se rendre odieuse et redoutable à tout le monde, quand il n'en devrait résulter aucun avantage pour elle-même.

Ajoutez à ce damnable principe la commodité toujours subsistante d'enfreindre les traités et de manquer à toutes les conventions, sous prétexte que son roi n'ayant qu'une autorité partagée entre lui, le peuple et la noblesse, les engagements qu'il prend ne peuvent empêcher la fougueuse nation de se porter à des excès qui n'en subsistent pas moins, quoique désavoués par l'équité du prince ou son respect pour la foi jurée. Réunissez, dis-je, toutes ces notions, et vous n'aurez encore qu'une faible idée du peuple audacieux qui nous accuse aujourd'hui de perfidie.

Mais pourtant, si le roi d'Angleterre ne peut pas toujours être rendu garant des infractions de son peuple aux traités subsistants, à qui donc gardons-nous notre foi? Quoi! vous nous liez, Anglais, et ne croyez jamais l'être? Étrange et superbe nation, qu'il faut admirer pour ton patriotisme et la fermeté romaine que tu montres en tes revers actuels, mais qu'il est temps d'humilier pour punir et réprimer l'abus affreux que tu te plus toujours à faire de ta prospérité !

Marâtre insensée, qui prétends à l'amour de tes enfants, quand tu ne veux les enchaîner que pour épuiser le sang de leurs veines et l'employer à tes prostitutions ! Si l'instant est venu que ton exemple doit apprendre aux nations qu'il n'est de politique heureuse et durable que celle fondée sur la morale universelle et sur la réciprocité des devoirs et des égards...;

Si tes ministres, aveuglés par une ambition inepte en ses vues et trompée dans ses mesures, ont imprudemment porté leur système oppressif sur tes colonies, et les ont forcées, en prenant les armes, d'adopter pour devise ce vers terrible, instructif et sublime de notre grand Voltaire :

L'injustice à la fin produit l'indépendance;

Et si, par une suite de cette inquiète arrogance qui ne vous permet jamais de goûter de liberté que celle qui s'appuie sur l'oppression de vos frères, vous allez encore avoir, ô Anglais ! à pleurer la perte de l'Irlande, si longtemps par vous et si injustement avilie; repentez-vous ; frappez votre poitrine ; accusez-vous, et cessez d'accuser vos voisins de l'orage et des maux infinis que vous seuls avez attirés sur votre patrie malheureuse.

J'ai prouvé, par vos procédés affreux envers nous, qu'il ne vous était dû de notre part qu'anathème et vengeance ; et cependant, Anglais, vous êtes les agresseurs !

J'ai prouvé que, si la France eût suivi l'impulsion du plus juste ressentiment, elle eût dû secourir l'Amérique, la prévenir même, et hâter l'instant de son indépendance; et cependant, Anglais, vous êtes les agresseurs!

J'ai prouvé que, tournant contre l'honneur de nos ministres l'effet de leur condescendance pour vos embarras, vous prétendez les couvrir du ridicule ineffaçable d'avoir sans cesse arrêté d'une main ce que vous les accusez d'avoir encouragé de l'autre; qu'au lieu de leur rendre grâces du peu de fruit que l'Amérique a tiré des faibles efforts du commerce, vous mettez ces efforts sur le compte de leur perfidie : en cela même, Anglais, vous êtes des agresseurs très-malhonnêtes et très-ingrats.

Cependant, passe encore pour injurier. C'est votre manière de vous défendre, elle est connue; et quand on s'est fait une mauvaise réputation, il reste au moins à jouir du triste privilége acquis par elle. On sait bien que, dans votre style, il en est, ô Anglais! de la *perfidie* de la France comme de la *poltronnerie* des Américains, qui ont fait mettre armes bas à vos troupes, et vous ont chassés de leurs pays. A vous donc permis d'injurier tout le monde.

Mais déraisonner pour le seul plaisir d'outrager, déraisonner dans un écrit grave et soumis au jugement des raisonneurs de l'Europe, n'est-ce pas abuser à la fois de toutes les façons d'être audacieux? Car enfin, si le roi de France eût eu le dessein de secourir secrètement l'Amérique, il eût au moins voulu le faire efficacement, et dans ce cas il ne fallait pas un grand effort pour deviner qu'en prêtant seulement un million sterling aux États-Unis, une espèce de proportion à l'instant rétablie entre le numéraire et le papier de leur pays aurait soutenu le crédit et l'émulation générale, eût augmenté l'ardeur des soldats par la réalité de la paye, et peut-être eût mis les Américains, sans autre secours, à portée de terminer promptement leur guerre : économie ou libéralité qui nous eût épargné près de quatre cents millions, que notre protection militaire nous a déjà coûtés !

Donc, si la morale ou la noble politique du roi de France l'empêcha de prendre ce parti, c'est que ce roi, jeune et vertueux, ne voulut pas permettre ce qu'il ne pouvait pas avouer. Toute sa conduite subséquente est la preuve de cette assertion. — Mais pourquoi donc ce roi si juste a-t-il subitement renoncé à sa neutralité pour s'allier avec l'Amérique ? — Écoutez-moi, lecteur, et pesez mes paroles : cette réponse est la fin de tout.

Après avoir demeuré longtemps spectateur passif et tranquille de la guerre existante, le roi de France, instruit par les débats du Parlement d'Angleterre et par le succès des armes américaines, que, malgré les efforts des Anglais pendant trois campagnes successives, la force des événements séparait enfin l'Amérique de l'Angleterre ; instruit aussi que les meilleurs esprits de la nation anglaise s'accordaient à penser, à dire hautement dans les deux Chambres qu'il fallait à l'instant reconnaître l'indépendance des Américains, et traiter avec eux sur le pied de l'égalité, le roi, ne pouvant plus se tromper sur le véritable objet des armements de l'Angleterre, lorsqu'il voyait le peuple anglais demander à grands cris la guerre contre lui, faire offre de lever la milice nationale à ses frais, et de fournir volontairement par chaque *shire* ou comté un certain nombre de soldats, pourvu qu'ils fussent employés contre la France ; s'étant d'ailleurs bien assuré que les amiraux anglais qui avaient nettement refusé de servir contre l'Amérique étaient néanmoins nommés à des commandements d'escadres qui ne pouvaient donc plus la menacer; trop certain enfin des millions qu'on répandait et des efforts qu'on faisait pour diviser les esprits, tant ceux du congrès en Amérique, que ceux de la députation en France, et surtout connaissant bien l'espoir secret qu'on avait à Londres d'engager les Américains, par l'offre inopinée de l'indépendance, à se réunir aux Anglais contre la France, à la punir, par une guerre sanglante et combinée, de trois ans de froideurs et de refus de s'allier à l'Amérique ; pressé par tant de motifs accumulés, le roi s'est déterminé, mais publiquement et sans aucun mystère, mais sans déclarer la guerre aux Anglais, encore moins la leur faire sans la déclarer, comme ils en ont établi l'odieux usage; sans vouloir même entamer des négociations préjudiciables à la cour de Londres, et par une suite modérée de la neutralité qu'il avait adoptée ; le roi, dis-je, s'est enfin déterminé à reconnaître l'indépendance de l'Amérique, à former un traité de commerce avec les nouveaux Etats-Unis, mais sans exclusion de personne, pas même des Anglais, à la concurrence de ce commerce.

Certes, si les règles de la justice, de la prudence et le soin de sa propre sûreté n'ont pas permis au roi de différer plus longtemps cette reconnaissance d'un honorable affranchissement et d'une indépendance dont les Anglais se flattaient de faire tourner bientôt leur honteux aveu contre nous-mêmes, au moins faut-il convenir qu'aucun acte aussi intéressant, aussi grand, aussi national, ne s'est fait avec plus de modération, de candeur, de noblesse et de simplicité, tous caractères absolument opposés à la *perfidie* dont l'insolence anglaise a voulu tacher la France et le roi dans son *mémoire justificatif* : c'est ce qu'il fallait prouver.

Quant à moi, dont l'intérêt se perd et s'évanouit devant de si grands intérêts ; moi faible particulier, mais courageux citoyen, bon Français et sincère ami du brave peuple qui vient de conquérir sa liberté ; si l'on est étonné que ma faible voix se mêle aux bouches du tonnerre qui plaident cette grande cause, je répondrai qu'on n'a besoin de puissance que pour soutenir un tort, et qu'un homme est toujours assez fort quand il ne veut qu'avoir raison. J'ai fait de grandes pertes ; elles ont rendu mes travaux moins utiles que je ne l'espérais à mes amis indépendants : mais comme c'est moins par mes succès que par mes efforts que je dois être jugé, j'ose encore prétendre au noble salaire que je me suis promis, l'estime de trois grandes nations : la France, l'Amérique, et même l'Angleterre.

P. A. Caron de Beaumarchais.

REQUÊTE A MM. LES REPRÉSENTANTS

DE LA COMMUNE DE PARIS

PAR PIERRE-AUGUSTIN CARON DE BEAUMARCHAIS

membre de ladite représentation

Messieurs,

Le nom de *citoyen français* est devenu d'un si grand prix, qu'aucun homme ne peut souffrir que l'on altère en lui la pureté d'un si beau titre.

En repoussant aux yeux de tous l'horrible injure qui m'est faite, c'est votre cause, ô citoyens ! que je défends plus que la mienne ; vous avez tous des ennemis, mais vous n'êtes pas tous armés contre leurs coups, leurs attentats. Aujourd'hui moi, demain ce sera vous, et s'ils viennent à soupçonner que l'assemblée prête l'oreille à leurs affreuses délations, aucun de vous n'est plus en sûreté.

Ecoutez-moi donc, citoyens, je vais dévoiler des horreurs qui intéressent tous les hommes.

Lorsqu'on commençait, l'an passé, à concevoir des inquiétudes sur la cherté, la rareté des grains, des ennemis trop méprisables pour se montrer à découvert, firent répandre parmi le peuple inquiet que j'étais un accapareur, que mes maisons étaient pleines de blé. On le fit placarder la nuit sur toutes mes portes et dans les rues voisines. Je m'en plaignis aux magistrats, qui firent courir des patrouilles déguisées pour s'assurer des placardeurs : on ne put se saisir d'aucun.

Depuis, dans les premiers moments de l'effervescence du peuple, ma personne et mes possessions ont couru les plus grands dangers. J'étais désigné hautement pour troisième victime lorsqu'on pilla les deux maisons d'*Henriot* et de *Réveillon*.

Un grenadier des gardes-françaises, ayant reconnu l'un de ces incendiaires qui criaient dans tout le faubourg qu'il fallait brûler mes maisons, crut devoir le faire arrêter et conduire à la caserne de Popincourt par quatre ou cinq soldats du guet. Mais l'incendiaire avait ses protecteurs ; il leur fit parvenir ce qui lui arrivait. Le lendemain, allant monter sa garde, le pauvre grenadier fut mis (comme on le sait) pour trois semaines en prison à Versailles, et cependant cet incendiaire n'était qu'un vil portier chassé de ma maison, qu'un des faux témoins reconnus dans l'instruction du procès Kornman.

Quand je citai ce fait du grenadier devant votre noble assemblée, je fus surpris du peu d'effet que ma déclaration produisit. Le fil dont je tenais le bout me semblait pouvoir vous conduire au labyrinthe inextricable que vous cherchez à pénétrer. Un incendiaire reconnu ! Son dénonciateur mis en prison au lieu de lui ! J'en ai conclu que, sur ces faits, vous êtes plus savants que moi.

Puis, quand le désespoir changea ce peuple si soumis en conquérant de la Bastille, quand il crut devoir s'assurer des gens suspects à la patrie, mes incendiaires et tous leurs commettants ne manquèrent pas de crier dans les places publiques que non-seulement j'avais des blés cachés, mais plus de douze mille fusils que j'avais engagés au prévôt des marchands *Flesselles ;* que des souterrains de chez moi communiquaient à la Bastille, par où des soldats ennemis s'y introduisaient en secret; que j'étais un agent des grands ennemis de l'Etat, et qu'il fallait me massacrer, piller et brûler mes maisons. La lâcheté ne peut aller plus loin !

Tous mes amis épouvantés me suppliaient de m'éloigner. Mais moi, dont la religion est que, dans les grands troubles, un citoyen zélé doit rester à sa place, se rendre utile et faire son devoir (car où en serions-nous, bon Dieu ! si tout le monde s'enfuyait ?), j'ai osé braver le péril, j'ai monté la garde la nuit, et suivi dans le jour tous les travaux de mon district.

Pendant ce temps, je suppliais et la Ville et tous les bureaux qu'on visitât mes possessions, et qu'on apprît au moins au peuple qu'il était abusé sur moi par d'exécrables scélérats.

Après bien des soins et du temps, j'ai obtenu péniblement qu'une de ces visites se fît dans ma maison, vieille rue du Temple; six commissaires ont constaté la fausseté des bruits qu'on avait répandus.

Mais le district des Blancs-Manteaux, dans lequel j'occupais cette maison de location, m'ayant refusé durement de visiter mes vraies propriétés, parce qu'elles étaient, dit-il, dans le faubourg Saint-Antoine, j'ai couru m'agréger au district de mes possessions. J'y ai posé mon domicile, espérant bien en obtenir cette visite refusée.

Une grande rumeur, l'inquiétude d'une révolte occasionnée par la misère, y agitaient tous les esprits. En m'agréant avec honneur, l'assemblée me peignit l'état du faubourg si pressant, surtout si dangereux pour la tranquillité publique, que, sans trop consulter mes embarras actuels, l'âme suffoquée de douleur, je contribuai d'une somme de douze mille livres au soulagement de ce peuple.

J'avais payé aux Blancs-Manteaux ma demicapitation pour le soutien de nos soldats; je donnai, quatre jours après, la même somme à mon nouveau district pour le même service militaire, mais je refusai de m'asseoir au comité qui m'avait adopté, jusqu'à ce qu'on eût fait une visite sévère de mes différentes maisons. Il ne convient pas, écrivis-je, qu'un homme suspecté de trahison d'Etat s'asseye avec les citoyens tant qu'il n'est pas justifié, ce que les visites seules de mes possessions peuvent faire.

Dix jours se sont passés avant que je les pusse obtenir, et pendant ces dix jours je n'ai point paru au district. On peut juger, à ces détails, si j'y mettais de l'ambition.

Enfin, la ville ayant ordonné, à ma pressante réquisition, que douze commissaires se transporteraient chez moi, les visites furent effectuées.

Je remis alors un mémoire à votre assemblée même, pour obtenir que les procès-verbaux qui faisaient ma tranquillité fussent imprimés et placardés. La multitude des affaires a laissé douze jours cette demande sans réponse. Je courais le plus grand danger sous cette suspicion du peuple.

Pendant ce temps, je travaillais au comité de Sainte-Marguerite, où j'ai donné différents plans de bienfaisance, agréés, j'ose dire, avec acclamation; où, pour tourner tous les esprits du peuple sur des objets moins affligeants, ma motion pour le mariage d'un jeune homme du faubourg, tous les ans, le 14 juillet, anniversaire de la Bastille, a été appuyée par moi d'une somme de 1,200 liv.

Bientôt l'assemblée du district a procédé à la nomination d'un troisième député, son représentant à la vôtre. Je n'en avais aucun avis; le hasard seul m'y fit trouver, croyant n'aller qu'au comité. J'y fus nommé député du district, à la très-grande majorité. Je voulus en vain m'en défendre, on me força de l'accepter.

Je crois bien, en effet, que, dans ce quartier de douleur où l'administration doit être si compatissante et si douce, j'eusse été plus utile en travaillant au comité qu'en représentant le district à l'assemblée de la Commune, où l'homme le plus sage est, selon moi, celui qui écoute, et qui parle le moins. Car un des grands inconvénients de toute nombreuse assemblée est l'éternité des débats sur les points les moins contestables.

Je n'avais pas, après huit jours, obtenu, moi représentant, cette permission d'imprimer les procès-verbaux des visites qu'on avait faites dans mes maisons. Les bruits infâmes continuaient; ma personne et mes possessions étaient dans le même péril, lorsque six députés des Blancs-Manteaux sont venus me dénoncer à l'assemblée de la Commune comme un fuyard de leur district qu'ils avaient droit de réclamer. Ils ont soutenu que les mécontentements qui m'avaient engagé à me présenter au faubourg n'étaient que des cris de cabale que j'aurais bien dû mépriser; que mon chef-lieu étant dans leur district, ils demandaient que j'y fusse renvoyé, et que celui de Sainte-Marguerite nommât un autre député.

Quelque obligeant que fût pour moi le plaidoyer des Blancs-Manteaux, je défendis mon nouveau domicile, en assurant que le bien seul que j'espérais faire au faubourg avait déterminé mon choix.

Après un débat de deux heures, les députés et moi rentrés, on m'apprit *que j'appartenais au district de Sainte-Marguerite, où je remplirais désormais tous mes devoirs de citoyen.* J'en rendis grâces à l'assemblée, mais je profitai du moment pour vous dire que je courais le risque d'y remplir bien mal mes devoirs si vous ne daigniez pas veiller à ma tranquillité, en opposant une permission d'imprimer mes procès-verbaux de visites au brigandage des écrits scandaleux qui me livraient à la fureur du peuple.

Votre assemblée, ayant enfin égard à la justice de ma requête, m'a permis, pour ma sûreté, l'impression des procès-verbaux.

Je me croyais hors de danger; mais, tandis que divers districts du faubourg me députaient des remercîments pour le peu de bien que j'avais fait, pendant que le respectable curé de Saint-Marguerite venait arranger avec moi la forme des distributions des secours que j'avais donnés aux femmes, aux enfants de ses pauvres, la rage d'ennemis inconnus me poursuivait dans un district si éloigné de moi, Messieurs, que je n'aurais jamais dû croire que l'on y prononçât mon nom.

Un libelle diffamatoire, sous la forme d'une motion dirigée, dit-on, contre moi, part du district des Récollets, et se répand dans tous les autres : on le montre à l'Hôtel-de-Ville. Avant d'en demander justice, je crus devoir bien m'assurer si M. le maire a reçu officiellement ce libelle; car chacun aurait trop à faire s'il s'armait ou voulait vous armer contre tant d'écrits scandaleux, contre tant d'auteurs pseudonymes dont la ville est partout remplie.

Pendant que je m'en informais, une mission m'est imposée par vous avec trois autres membres pour examiner en commun la nomination contestée d'un des officiers militaires.

Le lendemain, un de vos présidents, M. de Vauvilliers, me prenant à part, m'avertit avec l'onction d'un homme d'honneur vraiment sensible et pénétré, qu'un sieur Morel, l'un des commissaires nommés, venait de lui dire que ses collègues et lui ne voulaient pas remplir leur mission avec moi. — Vous a-t-il donné ses motifs, monsieur? — Non, me dit-il avec bonté, non; mais, si vous vouliez m'en croire, pour l'amour de la paix que ces débats altèrent, vous m'autoriseriez à demander, de votre part, qu'on charge un autre membre de la mission d'hier, quelques embarras personnels vous empêchant de la remplir. — Mais, monsieur, dis-je, ces motifs peuvent tenir à certains faits que j'ai intérêt d'éclaircir. Il insista, je me rendis.

Le lendemain, en entrant à la Ville, je rencontrai le sieur *Morel*, que je priai de vouloir bien m'apprendre les motifs qui l'avaient engagé à l'acte rigoureux de refuser une mission avec moi. Sur ce qu'il m'assura que le refus venait de ses collègues, je lui observai que l'un d'eux m'avait fait là-dessus les avances les plus obligeantes. Il éluda, moi j'insistai, lui demandant de s'expliquer devant quatre de nos amis, parce que j'avais grand intérêt à démêler les causes d'une conduite aussi étrange, avant que d'en porter mes plaintes à votre honorable assemblée.

Il me renvoya sèchement au secrétariat pour l'apprendre, sans vouloir me donner aucune explication.

Entrés dans l'assemblée, nous étions tous à l'ordre et prêts à entamer le grand travail municipal, lorsqu'un membre, à moi inconnu, se lève et dit : « Messieurs, je vous dénonce M. de Beaumarchais, qui vient de provoquer en duel un des membres de l'assemblée. »

Vous savez bien, Messieurs, que je répondis simplement :

Si l'assemblée croit devoir préférer les affaires publiques aux miennes, qui sont bien moins intéressantes, je ne suis point pressé de me justifier. Si elle en ordonne autrement, je vais lui expliquer un fait dont l'honorable membre qui me dénonce ici ne peut avoir de connaissance, puisque nous étions seuls, la personne dont il parle et moi, quand il suppose que je l'ai provoquée. La plus grande preuve, messieurs, que je ne l'ai point fait, c'est qu'un étranger vous en parle : ce n'est point là la marche de l'honneur; aucun homme un peu délicat ne l'y avait autorisé.

Je pris alors la liberté, messieurs, de rapporter le fait tel que je viens de vous le rendre. J'ajoutai seulement :

L'explication que je désirais obtenir du sieur Morel devant quatre personnes choisies, je la lui demande à présent devant soixante que nous sommes, et telle est ma provocation.

Quant à mes motifs, les voici : un libelle diffamatoire, sous la forme d'une motion, est parti, m'a-t-on dit, du district des Récollets. Je n'examine point de quel droit un district empiète sur les droits d'un autre, en voulant critiquer ses choix, ni comment ce district s'arroge un droit de calomnie sur moi; je vous dénonce sa motion.

On y articule :

Qu'on sait à quel point je me suis lié avec les principaux agents du despotisme pour asservir cette contrée;

Qu'on sait par quels affreux moyens je me suis procuré la fortune avec laquelle j'insulte le public ;

Qu'on sait jusqu'à quel point j'ai avili la nation française, par ma cupidité (dans mes grandes relations avec les Américains);

Que l'on connaît tous les malheurs dont mon avarice est la cause (chez ce peuple que j'ai secouru);

Qu'on sait que j'ai été chassé de mon district des Blancs-Manteaux ;

Que l'on sait que j'ai eu recours à la basse, à la vile intrigue pour parvenir à me faire nommer député du district de Sainte-Marguerite (dans l'assemblée de la commune).

O citoyens ! on ose articuler dans cette prétendue motion, portée en assemblée légale de bons citoyens réunis pour arrêter tous les désordres, on ose articuler, comme chef d'accusation, « que mon nom était inséré dans les listes de proscription, et que le peuple m'attendait dans la place de ses massacres! » Comme si l'horrible lâcheté qui a fait imprimer ces listes pouvait servir d'inculpation contre les victimes dévouées au gré de leur inimitié! comme si la fureur d'un peuple qu'ils égarent, et des férocités duquel ils sont les seuls vraiment coupables, pouvait devenir à vos yeux un titre de réprobation!

Et une assemblée de district, où personne ne me connaît, n'a jamais vécu avec moi, se rend publiquement complice de cette exécrable infamie (1).

Je vous dénonce ici cet attentat, de quelque part qu'il vienne, et j'en attends vengeance en réclamant votre justice pour en connaître les auteurs.

Hier, continuai-je, vous avez ordonné qu'un district de Paris, qui a fait enlever des fusils dans le château d'un citoyen, M. Anisson du Perron, vint nous en donner ses motifs : un district aujourd'hui veut m'enlever l'honneur; je demande qu'il soit tenu de vous nommer ses motionnaires, ou de répondre devant vous du crime affreux dont il se charge; d'autant plus grand, messieurs, que son premier effet est sans doute l'insulte d'un refus dont j'ai demandé ce matin l'explication qui vient d'amener celle-ci. Le sieur Morel, que je ne connais pas, n'était pour moi qu'un échelon, qu'un moyen d'arriver à l'éclaircissement d'une atrocité révoltante dont tout citoyen doit frémir. Je n'y ai mis aucune vivacité;

(1) Je me trompe en disant que personne ne m'y connaît : on m'assure à l'instant que le sieur Kornman et quelque autre agent qui se cache ont soulevé tout ce district où leur domicile est situé : que sept ou huit brigands, qui tous vivaient de calomnies pendant le procès Kornman, contre lesquels j'ai rendu plainte chez le commissaire Dufresne, conduisent cette sale intrigue; heureusement pour moi, je n'ai jamais vu ni connu un seul de ces honnêtes gens.

mais quand j'en aurais mis, messieurs, en parlant dans un lieu qui n'était pas votre assemblée, quel intérêt croit-on que vous dussiez y prendre? Ce fait vous était étranger. Je ne craindrai point d'ajouter qu'hier matin, à cette place, deux membres débattant une question dans l'assemblée, l'un d'eux insulta l'autre, en qualité de financier ; lequel, ne pouvant modérer sa sensibilité extrême, lui répondit imprudemment... par l'injure la plus grossière. Cette provocation eût eu des suites fâcheuses si le membre offensé, qui s'était emporté trop loin, n'eût désavoué, sur nos représentations, le mot qui lui était échappé dans un mouvement de colère dont il n'avait pas été maître. Vous avez cru dans votre sagesse ne devoir donner nulle suite à cette rixe véhémente ; à plus forte raison, messieurs, n'y a-t-il pas lieu, selon moi, de délibérer sur une prétendue provocation de duel, qui n'a pas existé de ma part, que je nie hautement, et qui, fût-elle bien prouvée, n'intéresse en rien l'assemblée, puisqu'elle se serait faite à bas bruit, sur un escalier, et loin d'elle : à moins qu'il ne suffise qu'une chose très-simple ait quelque rapport avec moi, pour mettre ici tout le monde en rumeur : ce que je suis bien loin de supposer. La plainte que je vous porte contre l'atrocité du libelle que je dénonce a seule une vraie importance, et je vous prie d'y faire droit.

Tel fut, messieurs, mon plaidoyer. Vous nous fîtes sortir, le sieur *Morel* et moi, pour délibérer librement. Vos débats durèrent six heures, à mon très-grand étonnement ; et ma surprise fut extrême quand votre président, messieurs, m'apprit, au nom de l'assemblée, que, « sur la dénonciation de propos violents tenus par moi, et sur les inculpations de quelques districts, DONT JE DEMANDAIS A ME JUSTIFIER, l'assemblée avait arrêté que je m'absenterais jusqu'à ce qu'elle eût prononcé sur l'une et l'autre affaire. »

J'eus l'honneur de vous observer que j'avais désavoué cette provocation d'un duel qu'on me prêtait gratuitement. A quoi le président répondit qu'aussi l'arrêté ne parlait-il que d'une dénonciation faite, et non d'une chose jugée.

Sur la seconde question, j'observai que, seul j'avais investi l'assemblée de l'affaire du libelle par la plainte que j'en portais; que, n'ayant point exprimé cette plainte en la donnant comme formée sur des inculpations *dont j'entendais me justifier,* mais seulement contre une atrocité dont je vous demandais justice, l'énoncé de votre arrêté ne me paraissait point avoir cette exactitude honorable qui caractérisait les autres.

D'ailleurs, ai-je ajouté, messieurs, le droit très-certain de juger, dont est pourvue cette assemblée, N'EMPORTE POINT LE DROIT DE PRÉJUGER. Et l'exclusion d'un membre étant la plus forte peine d'une faute quelconque dont vous l'auriez jugé coupable, l'invitation de s'absenter avant que vous sachiez s'il est coupable ou non me semble outre-passer le droit respectable d'un juge.

De plus, vous n'êtes point, messieurs, la municipalité de la ville, mais une assemblée provisoire établie pour la composer, en exerçant ses droits aussi par provision. Si l'abondance de vos travaux vous forçait d'oublier mon affaire, ou de l'éloigner à tel point que, la municipalité formée, votre mission vînt à finir avant que vous m'eussiez jugé, il en résulterait deux maux : l'un de me laisser sous le coup d'une horreur de laquelle je vous ai demandé justice; l'autre, que, pendant ce temps, vous auriez privé mon district de l'appui de son député : car il n'en peut nommer un autre avant que d'avoir eu la preuve, tirée de votre jugement, que son choix méritait d'être improuvé par vous. Je demande donc à rester, ou la parole de l'assemblée qu'elle va s'occuper SANS DÉLAI ET SANS SUSPENSION de l'arrêt que je sollicite : alors je ne regarderai point comme une peine préjugée, mais comme une chose d'usage, l'invitation de m'absenter pendant qu'on instruit mon affaire.

M. le président, messieurs, a bien voulu en votre nom m'assurer qu'on allait s'occuper *sans délai* de faire droit à mes demandes, et qu'on me ferait avertir pour procéder aux éclaircissements. J'ai salué la compagnie, et me suis retiré pour qu'on délibérât sur moi.

Voilà quinze jours écoulés sans que j'aie aucune nouvelle. Puis-je rester dans cet état? Vous ne le voulez pas, messieurs! Vous ne souffrirez pas qu'on dise que cette étrange ardeur qui semble animer tant de monde quand on espère m'inculper, se tourne en glace quand il faut me rendre la moindre justice.

Quoi qu'il en soit, comme mon devoir est d'aider à votre instruction par tous les moyens de mon fait; prenant exemple sur M. le comte de *Parois*, sur son argument à l'anglaise, par lequel il s'engage à donner mille écus à celui qui pourra prouver une accusation qu'il repousse, je déclare, ainsi qu'il l'a fait dans le journal de cette ville, que je payerai mille écus à tel qui prouvera que *j'ai été chassé du district des Blancs-Manteaux*, lequel m'est venu réclamer devant vous comme lui appartenant de droit : démarche bien contraire à l'atrocité supposée par le district des Récollets.

Je déclare que je payerai mille écus à celui qui prouvera que *j'ai usé d'aucune intrigue pour me faire nommer député du district de Sainte-Marguerite à l'assemblée de la commune*, où j'étais loin de désirer d'entrer, sachant d'avance combien j'y serais inutile aux intérêts de tous mes commettants.

Je déclare par extension que je donnerai mille écus à celui qui prouvera que *j'aie jamais eu chez moi*, depuis que j'ai aidé généreusement l'Amérique à recouvrer sa liberté, *d'autres fusils* que ceux qui m'étaient utiles à la chasse. Autres mille écus, si l'on prouve la moindre relation de ce genre entre moi et M. *de Flesselles*, à qui je n'ai parlé que deux fois en ma vie. Et sachez, citoyens, que, lorsque le district du Sépulcre vint me montrer par députés cette infâme dénonciation qu'on avait faite a son bureau, je conduisis aux Blancs-Manteaux un manufacturier d'armes de Charleville, qui déclara dans ce district que c'était lui, *et non pas moi*, qui avait offert à la Ville, au prévôt des marchands *Flesselles*, et aux électeurs assemblés, de leur fournir douze ou quinze mille fusils sous huit jours, les ayant, disait-il, en caisse au magasin de Charleville. Mais comme, en déclarant qu'il se nommait *Preffort*, il avait ajouté qu'il demeurait vieille rue du Temple, vous concevez bien, citoyens, que mes scélérats d'ennemis, sur ce léger rapport de rue, n'ont pas manqué de répandre partout que j'étais un traître à l'Etat, que j'avais douze mille fusils dans ma maison, vieille rue du Temple; que je les avais proposés au prévôt des marchands *Flesselles* pour foudroyer les citoyens ; car voilà comme tout s'enchaîne sitôt qu'il est question de moi.

Je déclare que je payerai mille écus à qui prouvera que *j'ai des souterrains chez moi qui communiquent à la Bastille*, ainsi qu'on l'a fait croire au peuple pour l'exciter à me piller et me brûler.

Que je donnerai deux mille écus à celui qui prouvera que *j'ai eu la moindre liaison* avec aucun de ceux qu'on désigne aujourd'hui sous le nom d'ARISTOCRATES, *avec les principaux agents du despotisme pour asservir cette contrée* (ce sont les termes du libelle).

Et je déclare, pour finir, que je donnerai DIX MILLE ÉCUS à celui qui prouvera que *j'ai avili la nation française par ma cupidité*, quand je secourus l'Amérique; propos qui se rapporte à la très-lâche imputation qu'ils m'ont faite dans cent libelles, pendant le procès Kornman, d'avoir envoyé, il y a douze ans, aux insurgents américains, des armes, des munitions, des marchandises détestables que je leur vendais comme bonnes, *à cent pour un de leur valeur*, pendant que j'ose me vanter de procédés très-généreux envers cette grande nation, *dont mon avarice*, dit-on, *a occasionné les malheurs*.

Voilà, certes, bien des moyens de gagner quelque peu d'argent, pour les auteurs de la motion du district des Récollets, dont le métier peu lucratif est de calomnier à 12 sous par paragraphe.

Mais comme j'espère bien ne pas me ruiner par ces offres, je demande, messieurs, que si les libellistes ne prouvent aucun de leurs dires, s'ils ne gagnent point mon argent, ils soient dévoués par vous à l'exécration générale.

Ces écumeurs travaillaient en sous-ordre sous les deux chefs de bande qu'un arrêt de cour souveraine a condamnés en 2000 livres de dommages et intérêts envers moi, comme CALOMNIATEURS, *instigateurs de faux témoins*; de l'un desquels M. l'avocat général disait dans son éloquent plaidoyer : *cet homme audacieux qui ne connaît rien de sacré quand il s'agit de calomnier:* Je ne me permettrai de plainte que contre l'un de ces deux hommes. Mon profond respect pour le Temple, où l'autre s'est réfugié, le rend presque sacré pour moi. O ma nation! quels sacrifices n'avez-vous pas droit d'exiger d'une âme vraiment citoyenne!

Ils disent que *ma vie est un tissu d'horreurs*, les malheureux, tandis qu'il est de notoriété que j'ai passé ma vie à être le père, le nourricier de tout ce qui m'est proche. Ils me condamnent à dire du bien de moi, à force d'en dire du mal.

Attaqué par des furieux, j'ai gagné avec trop d'éclat peut-être tous les procès qu'ils m'ont suscités, *car je n'en ai jamais fait à personne*, quoique, pour les plus grands bienfaits, j'aie éprouvé, j'ose le dire, une ingratitude constante, inouïe, presque universelle.

J'ai subi, entre autres tourments, cinq procès très-considérables.

Le premier en Espagne, pour les intérêts d'une sœur mourante, au secours de qui je courus. Le crédit de mon adversaire manqua de m'y faire périr. Grâce au ministre *M. Whall*, le roi d'Espagne me rendit la justice la plus éclatante, chassa mon ennemi de ses places, et le fit traîner en prison, malgré mes efforts généreux pour faire modérer sa peine.

Mon second procès fut contre l'héritier *Duverney*. Après l'avoir gagné aux requêtes de l'hôtel, puis perdu par appel, au rapport d'un M. *Goëzman;* avoir fait casser cet arrêt inique au conseil; m'être vu renvoyé, pour le fond, au parlement d'Aix; après cinquante-trois séances et l'examen le plus sévère, ce Parlement a condamné le légataire *Duverney* à me payer la somme de 80,000 fr.; surtout l'a condamné en 12,000 fr. de dommages-intérêts envers moi, *pour procédure tortionnaire, et pour raison* DE LA CALOMNIE. C'était pour obtenir ce *substantif* dans un arrêt que je plaidais depuis huit ans. Le reste me touchait fort peu. J'employai cet argent à marier de pauvres filles, et je partis de la Provence comblé des félicitations des riches et des bénédictions des pauvres. Mon adversaire lui-même eut à se louer de ma noblesse : à la prière de ses amis, je modérai les frais énormes auxquels il était condamné, en lui accordant un long terme pour me payer toute la dette; car ma colère s'éteint toujours au moment où finit le combat.

Le troisième, si connu, fut mon fameux procès contre le conseiller *Goëzman*. Alors l'iniquité fut portée à l'excès. J'aurais dû périr mille fois ; mon seul courage m'a sauvé. Quatre ans après, le Parlement de Paris, sur un ordre émané du roi de recevoir cette affaire, m'a rendu, par un arrêt d'éclat, l'état de citoyen qu'un autre arrêt m'avait ravi.

Un quatrième grand procès m'a été intenté par les héritiers de ma femme. Après quinze ans d'une spoliation avérée, ils m'ont plaidé, vexé, dénigré pendant dix ans consécutifs ; puis *trois arrêts du Parlement de Paris* les ont condamnés, envers moi, en tous les dommages, les frais, les capitaux, les intérêts du procès ; et comme toute leur fortune ne suffisait pas au payement, ils se sont jetés à mes pieds, et je leur ai fait grâce d'une partie de ma créance, en consentant que tout le reste ne me rentrât qu'après leur mort. Puissent-ils en jouir longtemps !

Mon cinquième et dernier procès est celui de ce *Kornman*. On sait avec quelle fureur ils ont acharné contre moi la *populace de la plume*, tous les *meurt-de-faim* de Paris, et comment un célèbre arrêt les a bien déclarés MES CALOMNIATEURS. Mais ce qu'on ne sait pas encore, c'est comment l'honnête *Kornman*, qui faisait plaider au Palais que la dot de sa femme était déposée, prête à rendre, a tout soldé depuis l'arrêt par une belle déclaration « qu'il ne possède rien au monde ; que, suivant un accord honnête entre son frère et lui, la maison même qu'il occupe et les meubles qui la garnissent appartiennent à ce frère depuis l'époque de la banqueroute qu'ils firent en 1782. »

Ô malheureuse mère ! épouse infortunée ! c'était bien la peine de plaider si longtemps pour arriver, après l'arrêt, à la conviction douloureuse que votre bien était dilapidé ! Voilà donc, grâce à votre époux, l'affreux sort qui vous attendait !

Telle est l'espèce de gens qui me poursuit encore, en armant sourdement contre moi ce qu'il y a de plus vil à Paris. Que serait-ce donc, juste ciel! si j'eusse perdu tous ces procès! puisque, les ayant tous gagnés, mes *calomniateurs* trouvent encore le secret de troubler ma vie sans relâche! puisque mille gens dans le monde, qui ne réfléchissent sur rien, se rendent les tristes échos des horreurs et des turpitudes que ces brigands leur soufflent aux oreilles!

Maintenant voulez-vous savoir de quoi ma vie s'est glorifiée?

Pendant huit ans, la famille royale et M. le dauphin, père du roi, ont, au vu de toute la France, honoré ma jeunesse d'une bienveillance particulière.

Ayant eu depuis le bonheur de rendre un grand service à l'*Ecole militaire*, de faire doter cet établissement, ouvrage de M. *Duverney*, ce vieillard vénérable a toujours conservé pour moi la plus vive reconnaissance. Il m'a très-tendrement aimé. Je lui dois le peu que je vaux.

Puis le feu *prince de Conti*, qui combattit si fièrement les attentats de nos ministres, lors de la subversion de la magistrature, m'a honoré jusqu'à sa mort d'une tendresse paternelle. Tout Paris a su que, le jour qu'un très-inique arrêt *m'honore*, même en me *blâmant*, ce prince me fit l'honneur de venir lui-même chez moi me prier à souper, avec toute la France, au Temple, en me disant d'un ton céleste : « Monsieur, nous sommes, je crois, d'assez bonne maison, mon neveu et moi, pour donner l'exemple au royaume de la manière dont on doit traiter un grand citoyen comme vous. » On juge si je me prosternai.

Enfin, et sans parler de mes liaisons politiques, je citerai l'estime et l'amitié constante dont m'honora M. le comte *de Maurepas*, cette âme douce et le dernier de tant de puissants protecteurs! Tout cela, ce me semble, devrait bien rendre circonspects les gens qui, ne me connaissant point, font le méprisable métier de déchirer un homme pacifique, dont la destinée singulière fut d'avoir ses amis dans l'ordre le plus grand, et ses ennemis dans la boue.

Certes! la plus horrible accusation de ces derniers, c'est d'avoir osé m'imputer *d'être lié avec vos oppresseurs*.

Et comment, citoyens, pourrait-on le penser? Moi qui, depuis près de dix ans, vis dans la disgrâce connue de Versailles et de ses entours, parce que mon caractère libre, ennemi de toute servitude, s'y est toujours montré à découvert; que je n'ai fléchi le genou devant nulle idole encensée!

N'est-ce pas moi qu'ils ont puni d'avoir fait servir l'arme du ridicule (la seule que l'on pût employer au théâtre) à fronder les abus de leur crédit, de leur puissance ou de leurs places : qu'ils ont puni, en irritant contre mes phrases, et les falsifiant à ses yeux, l'homme le plus juste et le meilleur des rois?

Leur fureur a causé ma détention de quatre jours, et dans un lieu si ridicule, qu'ils regardèrent cela comme une excellente gaieté (1). C'est à la justice du roi que j'ai dû l'ordre prompt de sortie, auquel je refusais si obstinément d'obéir, voulant être jugé et puni très-sévèrement si j'étais coupable du crime d'avoir offensé un bon roi, qui comprit sans doute bientôt qu'on lui en avait imposé. Au moins l'ai-je très-bien prouvé dans un mémoire aussi respectueux qu'énergique que lui présenta son ministre, et que je n'ai pas imprimé.

(1) A Saint-Lazare.

N'est-ce pas moi qui le premier, dans la tyrannie la plus dure contre la liberté de la presse, osai couvrir de ridicule le despotisme des censures; qui, portant partout le dégoût d'avoir vu de trop près la politique de nos cours, en ai donné certain portrait qu'on trouvait assez ressemblant?

De même que cette définition du vil métier de courtisan : *recevoir, prendre et demander, voilà le secret en trois mots*, applaudie à notre théâtre, et depuis applaudie de nouveau à l'Assemblée nationale, quand un membre du souverain n'a pas cru au-dessous de lui de la rajeunir en ces termes : « Il n'est que trois moyens d'exister : d'être mendiant, voleur ou salarié. »

N'est-ce pas moi qui, pendant le règne despotique d'un prêtre, lequel voulait tout asservir, eus le courage de faire chanter, avec quelque risque, au théâtre, ces vers trop difficiles à dire à Paris sans musique?

>Pontifes! pontifes adroits!
>Remuez le cœur de vos rois.
>   Quand les rois craignent,
>   Les prêtres règnent,
>La tiare agrandit ses droits.

N'est-ce pas moi qui, dans le même ouvrage, osai donner les éléments de *la Déclaration des Droits de l'Homme*, en faisant dire à la *Nature* par la peuplade qui l'invoque :

>O bienfaisante déité!
>Ne souffrez pas que rien altère
>Notre touchante égalité;
>Qu'un homme commande à son frère.

Et ces vers qui complètent le sens moral de tout l'ouvrage :

>Mortel, qui que tu sois, prince, prêtre ou soldat,
>   HOMME! ta grandeur sur la terre
>   N'appartient point à ton état:
>   Elle est toute à ton caractère.

Et cette leçon terrible à tout despote qui voudrait abuser d'un pouvoir usurpé par la force :

> Roi féroce, as-tu donc compté,
> Parmi les droits de ta couronne,
> Celui du crime et de l'impunité ?
> Ta fureur ne peut se contraindre ;
> Et tu veux n'être pas haï !
> Tremble d'ordonner.—
>   — Qu'ai-je à craindre ?
> — De te voir toujours obéi
> Jusqu'à l'instant où l'effrayante somme
> De tes forfaits, déchaînant leur courroux...
> Tu pouvais tout contre un seul homme ;
> Tu ne pourras rien contre tous.

Et ce tableau prophétique et *prévu* du roi chéri d'un peuple libre qui le couronne avec transport :

> Enfants, vous l'ordonnez, je garderai ces fers ;
> Ils seront à jamais ma royale ceinture ;
> De tous mes ornements devenus les plus chers,
> Puissent-ils attester à la race future
> Que, du grand nom de roi si j'acceptai l'éclat,
> Ce fut pour m'enchaîner au bonheur de l'Etat !

Et ces vers sur la vanité de la naissance (*à la Nature*) :

> Au moins vous employez des éléments plus purs
> Pour former les puissants et les grands d'un empire !
> C'est leur langage, il faut bien en sourire ;
> Un noble orgueil les en rend presque sûrs.

Et ceux-ci, dans la bouche de la *déesse* parlant à deux êtres créés, dont elle vient de fixer le sort :

> Enfants, embrassez-vous ; égaux par la nature,
> Que vous en serez loin dans la société !
> De la grandeur altière à l'humble pauvreté
> Cet intervalle immense est désormais le vôtre,
> A moins que de Brama la touchante bonté,
> Par un décret prémédité,
> Ne vous rapproche l'un de l'autre,
> Pour l'exemple des rois et de l'humanité.

Voilà, citoyens, comment *j'étais lié avec tous vos grands oppresseurs*; tandis qu'ils n'ont cessé pendant dix ans de me persécuter; tandis que c'est chez eux que nos ennemis acharnés ont trouvé toute la protection dont eux et leurs libelles ont tant abusé pour me nuire. Ils ont changé, les lâches, et de langage et de parti! Mais moi je ne changerai jamais.

N'est-ce pas moi qui osai dire, huit ans avant qu'on s'occupât du sort des protestants en France, dans un mémoire à ce conseil si jaloux de son despotisme : « Accordez au moins cette grâce aux protestants, jusqu'à ce qu'un temps plus heureux permette enfin de rendre à leurs enfants LA LÉGITIMITÉ CIVILE QU'AUCUN PRINCE DE LA TERRE N'A DROIT D'OTER A SES SUJETS (1). »

N'est-ce pas moi qui, consulté par les ministres sur le rappel des parlements, osai combattre avec courage, en 1775, les prétentions du pouvoir arbitraire, en ces termes : « Il existe donc, en tout État monarchique, autre chose que la volonté arbitraire des rois? Or cette chose ne peut être que le corps des lois et leur autorité, seul vrai soutien de l'autorité royale et du bonheur des peuples; » et qui appuyait ce principe par les raisonnements les plus forts, comme on peut le voir dans le *Court mémoire* cité dans la note ci-dessus?

Qu'on se rappelle, si l'on peut, le courage qu'il fallait alors pour dire de telles vérités!

N'est-ce pas moi qui, dans des temps plus éloignés, seul, dénué de tout, ayant pour ennemis tous les puissants de cet empire, osai braver leur injustice, les livrer au mépris de notre nation indignée, pendant qu'ils me jugeaient à mort? Ce qui fit dire à un grand

(1) Voyez ce mémoire, rapporté dans le second de moi, contre Kornman, intitulé : *Court mémoire, en attendant l'autre.*

homme (*Voltaire*) : « Pour servir son pays, il brave tout, le malheureux ! Il rit dans les griffes du tigre. »

Je me rappelle avec plaisir que ce courage me valut, dans le temps, l'honneur d'une lettre de Londres arrivée par la poste, avec cette adresse dessus : « Au seul homme libre dans un pays d'esclaves, Monsieur de Beaumarchais, à Paris, » laquelle me fut remise, parce qu'on espérait que je me compromettrais en y répondant, et qu'on me prendrait en défaut. Je n'eus garde. Je fis alors comme aujourd'hui ; je ne répondis à personne.

Et si mes ennemis, en désespoir de cause, font la lourde bêtise de rappeler qu'il y a seize ans, quand le despotisme opprimait la nation et ses magistrats, je fus victime de ses coups, dont tous n'ont pas été guéris, je m'honorerai devant vous des blessures d'un bon soldat qui combattait pour sa patrie, en rappelant à mes concitoyens qu'au milieu du plus grand péril je leur donnai l'exemple d'un courage qu'ils admirèrent; que le jour où je perdis mon état et celui où je le recouvrai furent deux jours d'un triomphe égal ; et que l'acclamation de tous les citoyens n'a pas moins honoré en moi le premier jour que le second.

Mais après m'en être applaudi, respectant, comme je le dois, le patriotisme inquiet d'un autre district, celui de *Saint-Etienne-du-Mont*, lequel, présidé par un sieur *Duverrier*, avocat du sieur *Kornman*, n'a pas dédaigné de s'occuper aussi de moi, en posant pour principe public :

Que le sieur de Beaumarchais, dans les liens d'un décret d'ajournement personnel décerné contre lui en 1773, dans son procès Goëzman, lequel N'A PAS ÉTÉ PURGÉ, ne peut remplir aucun emploi public.

Je répondrai à ce district, après avoir loué sa délicate inquiétude, par une citation très-propre à la calmer. C'est celle d'un arrêt en parchemin, que j'ai, du Parlement de Paris, du 23 juillet 1779 :

Grand'chambre et tournelle assemblées, *lequel*, convertissant le décret d'ajournement personnel décerné contre ledit Caron de Beaumarchais, par JUGEMENT du 2 juillet 1773, en décret d'assigné pour être ouï, RENVOIE LEDIT CARON DE BEAUMARCHAIS DANS L'EXERCICE DE SES CHARGE ET OFFICE de secrétaire du roi et de lieutenant général au bailliage de la Varenne du Louvre.
Si mandons, etc.— Collationné. LECREY.

Sans ajouter un mot, je livre, sur ce fait, l'assemblée à ses réflexions.

N'est-ce pas moi enfin, qui, profitant du long séjour que l'arrêt qui m'avait *blâmé*, me contraignit de faire à Londres, osai y concevoir le plan si grand, si dangereux de séparer à tout jamais l'Amérique de l'Angleterre ? Et puisque je suis attaqué sur ce point, je veux me vanter devant vous des travaux inouïs qu'un seul homme a pu faire pour accomplir cette grande œuvre.

Français, qui vous louez d'avoir puisé le désir et l'ardeur de votre liberté dans l'exemple de l'Amérique ! apprenez que cette nation *me doit en grande partie la sienne ;* il est bien temps que je le prouve à la face de l'univers. Et si quelqu'un prétend me contester ce que je dis, qu'il se lève et se nomme ! mes preuves répondront aux imputations que je dénonce :

Que j'ai déshonoré la France par mon avide cupidité (dans mes relations d'Amérique);

Que l'on connaît tous les malheurs dont mon avarice est la cause (et dont ce peuple a tant souffert).

Car ces accusations, aussi vagues que méprisables, se rapportent aux Américains, *que j'ai servis si généreusement!* moi qui serais réduit à cette aumône que je répands, si de nobles étrangers, pris dans un pays libre, ne m'eussent associé aux gains d'un grand commerce, pendant que je les associais à mes pertes constantes dans le mien avec l'Amérique! moi qui osai former tous les plans de secours si nécessaires à ce peuple, qui les offrais à vos ministres! moi qui osai blâmer leur indécision, leur faiblesse, la leur reprocher hautement dans ma fière réponse au manifeste anglais par *Gibbon*; qui osai promettre un succès qu'on était bien loin d'espérer! Entre cent preuves que j'en pourrais donner, je ne citerai que celle-ci, parce qu'elle est nette et simple, et qu'elle fait présumer les autres.

Pressé par le chagrin de voir rejeter mes idées, j'osai écrire à notre auguste roi, bien jeune alors, dans un mémoire, ces propres mots qui le terminent, et qu'on ne peut me contester; car je l'ai en original, tout apostillé de sa main, et certifié par son ministre. Voici les phrases de mon mémoire répondant à l'opposition que le conseil montrait pour mon projet sur la séparation de l'Amérique et de l'Angleterre :

Enfin je demande, avant de partir (pour Londres, à Sa Majesté), la réponse positive à mon dernier mémoire; mais si jamais question a été importante, il faut convenir que c'est celle-ci. Je réponds sur ma tête, après y avoir bien réfléchi, du plus glorieux succès pour le règne entier de mon maître, sans que jamais sa personne, celle de ses ministres ni ses intérêts soient en rien compromis.

Aucun de ceux qui en éloignent Sa Majesté osera-t-il, de son côté, répondre également sur sa tête, au roi, de tout le mal qui doit arriver infailliblement à la France, de l'avoir fait rejeter?

Dans le cas où nous serions assez malheureux pour que le roi refusât constamment d'adopter un plan si simple et si sage, je supplie au moins Sa Majesté de

ME PERMETTRE DE PRENDRE DATE AUPRÈS D'ELLE de l'époque où je lui ai ménagé cette superbe ressource, afin qu'elle rende justice un jour à la bonté de mes vues, lorsqu'il n'y aura plus QU'A REGRETTER AMÈREMENT DE NE LES AVOIR PAS SUIVIES.

Signé : CARON DE BEAUMARCHAIS.

Ce 13 décembre 1775.

Et en marge, au bas, est écrit de la main du ministre :

Toutes les apostilles en réponse sont de la main du roi.

Signé : DE VERGENNES.

Tout ce que je pus obtenir, encore avec bien de la peine, par un autre mémoire très-fort sur les droits de notre neutralité que j'établissais sans réplique, ce fut qu'on me laisserait faire sans aucunement s'en mêler (ce que M. de Maurepas appelait gaiement *me livrer à mon sens réprouvé*), en me rendant garant de tous les événements envers la France et l'Angleterre, à condition surtout *d'être arrêté si les Anglais formaient la moindre plainte, et de me voir puni s'ils en faisaient la preuve*; ce qui mit tant d'entraves à mes opérations maritimes, que pour secourir l'Amérique je fus obligé de masquer et de déguiser mes travaux intérieurs, les expéditions, les navires, le nom des fournisseurs, et jusqu'à ma raison de commerce, qui fut un masque comme le reste (1).

(1) Je pris le nom de Rodrigue Hortalez et compagnie, d'où est venu celui de *Fier Rodrigue* que je donnai à mon vaisseau de guerre de 52 canons, lequel a eu depuis l'honneur de combattre en ligne avec ceux de Sa Majesté à la prise de la *Grenade*, sous le commandement du valeureux comte d'Estaing ; d'y recevoir quatre-vingts boulets dans son corps, sans ceux qui mirent tous ses agrès en pièces. J'eus le malheur d'y perdre le plus important, le plus brave de mes capitaines, coupé en deux par un

Le dirai-je, Français! le roi seul avait du courage, et moi je travaillais pour sa gloire en voulant le rendre l'appui d'un peuple fier qui brûlait d'être libre. Car j'avais une dette immense à remplir envers ce bon roi, qui n'a pas dédaigné de remplir envers moi celle du feu roi son aïeul, lequel m'avait promis avant sa mort de me restituer dans mon état de citoyen, qu'un lâche tribunal m'avait ravi par un inique arrêt. Oui, le roi Louis XVI, qui fit rendre la liberté à l'Amérique gémissante, qui vous rend la vôtre, Français, m'a fait rendre aussi mon état. Qu'il soit béni par tous les siècles!

Et ce mémoire de moi que je viens de citer, tel est mon premier titre à la haute prétention que j'établis ici d'avoir généreusement secouru l'Amérique, *et d'avoir contribué*, PLUS QUE TOUT AUTRE, *au retour de sa liberté*.

Puis laissant à part les travaux que je suis prêt à mettre au jour, ouvrage par lequel je prouverai que j'ai envoyé à mes risques et périls *ce qu'il y avait de meilleur en France*, en munitions, en armes, en habits, aux insurgents manquant de tout, à crédit, aux prix des factures, les laissant maîtres de la commission qu'ils payeraient un jour à leur ami (car c'est ainsi qu'ils me nommaient); *qu'après douze ans je n'en suis point payé* : je déclare que la démarche que je fais faire en ce moment

boulet ramé, sans la dispersion entière de ma flotte de onze navires, dont ce vaisseau était le convoyeur. Quand on en reçut la nouvelle à Versailles, M. de Maurepas me dit que le roi, très-content du service de mon vaisseau de guerre, voulait savoir ce que je désirais. « De n'être jamais jugé sans être entendu, monsieur le comte, et je me croirai trop bien récompensé. » Aussi disait-il fort souvent : « Voilà le seul homme qui travaille, et n'a jamais rien demandé. » J'espère bien qu'ils vont crier que tout cela est controuvé : je les attends avec mes preuves.

auprès de leur nouvelle *cour fédérale* pour obtenir justice de l'infidèle rapport qu'un comité de trésorerie vient de donner sur mes créances aussi avérées que sacrées, est le dernier effort d'un créancier très-généreux auprès de débiteurs abusés, négligents, ou bien... etc. La fin décidera le nom qui leur est dû ; mais je publierai tout, et l'univers nous jugera.

Sautant, dis-je, par-dessus tous les détails de mes travaux, de mes services envers ce peuple, je passe au témoignage que m'en rendit l'agent, le ministre de l'Amérique, lorsqu'il partit de France avec *M. le comte d'Estaing*. Sa lettre authentique, du 18 mars 1778, porte ces mots que je copie :

J'espère que votre agent (*à Philadelphie*) vous fera passer des retours considérables, et que le congrès ne différera pas plus longtemps *à reconnaître les grands et importants services que vous avez rendus à la cause de la liberté de l'Amérique*. D'après les scènes embarrassantes à travers lesquelles vous avez eu à passer, vous devez éprouver le plus grand plaisir *de voir enfin l'objet de vos travaux rempli*, et qu'une flotte française va mettre à la voile, ce qui convaincra l'Amérique et le monde entier de la sincère amitié de la France et de l'absolue détermination où elle est de protéger la liberté, l'indépendance de l'Amérique. Je vous félicite de nouveau sur cet événement glorieux, *auquel vous avez contribué* PLUS QUE TOUT AUTRE.

Je suis avec respect, etc.

Signé : SILAS DEANE.

Hélas ! ce fut la fin de mes succès. Un ministre du département, à qui je montrai cette lettre, et qui m'avait traité jusqu'alors avec la plus grande bonté, changea de ton, de style tout à coup. J'eus beau lui protester que j'entendais ne rien m'approprier de cette gloire, et la lui laisser tout entière, le coup était porté, il avait lu l'éloge; je fus perdu dans son esprit.

Ce fut pour lui ôter toute idée sur mon ambition, et conjurer l'orage, que je recommençai à m'amuser des frivoles jeux du théâtre, en gardant un profond silence sur mes grands travaux politiques; mais cela n'a rien ramené.

Il est bien vrai qu'un an après, le congrès général, ayant reçu mes vives plaintes sur le retard de ses acquittements, me fit écrire la lettre suivante, par l'honorable M. John Jay, son président, le 15 janvier 1779.

PAR ORDRE EXPRÈS DU CONGRÈS

SIÉGEANT A PHILADELPHIE

A Monsieur de Beaumarchais

Monsieur.

Le congrès des Etats-Unis de l'Amérique, *reconnaissant des grands efforts que vous avez faits en leur faveur*, vous présente ses remerciments et l'assurance de son estime.

Il gémit des contre-temps que vous avez soufferts pour le soutien de ces Etats. Des circonstances malheureuses ont empêché l'exécution de ses désirs; mais il va prendre les mesures les plus promptes *pour l'acquittement de la dette qu'il a contractée envers vous*.

Les sentiments généreux et les vues étendues qui seuls pouvaient dicter *une conduite telle que la vôtre*, font bien l'éloge de vos actions et l'ornement de votre caractère. Pendant que, par vos rares talents, vous vous rendiez utile à votre prince, vous avez gagné l'estime de cette république naissante, *et mérité les applaudissements du nouveau monde*, etc.

Signé : John Jay, président.

Si ce n'était pas de l'argent, c'était au moins de la reconnaissance. L'Amérique, plus près alors des grands services que je lui avais rendus, n'en était pas encore à chicaner son créancier, à me fatiguer d'injustices, pour user, s'il se peut, ma vie, et parvenir à ne me point payer.

Il est encore très-vrai que dans la même année le respectable M. de Jefferson, leur ministre en France aujourd'hui, et gouverneur alors de Virginie, frappé des pertes affreuses que la dépréciation de leur papier-monnaie me ferait supporter, si l'on avait l'injustice d'y englober mes créances, écrivit à mon agent général, en Amérique, M. de Francy, en ces termes, le 17 décembre 1779 :

> Monsieur,
>
> Je suis bien mortifié que la malheureuse dépréciation du papier-monnaie, dont personne, je pense, n'avait la moindre idée, lors du contrat passé entre le subrécargue du *Fier Rodrigue* (1 et cet État, ait enveloppé dans la perte commune *M. de Beaumarchais, qui a si bien mérité de nous, et qui a excité notre plus grande vénération par son affection pour les vrais droits de l'homme*, son génie et sa réputation littéraire ! etc.
>
> *Signé :* Thomas Jefferson.

Et j'ai ces lettres originales.

Dans l'ouvrage que je vais mettre au jour, lorsque je montrerai les preuves de *l'excellence de tous mes envois* à ce peuple, d'après les visites exactes qu'ils en firent faire eux-mêmes avant que mes vaisseaux partissent, bien attestés par leur ministre, *et les excuses qu'il m'en fit,* DONT J'AI TOUS LES ORIGINAUX, on sera quelque peu surpris de la patience avec laquelle j'ai supporté les invectives de tous les brigands qui m'attaquent depuis le procès

---

(1) Vaisseau de guerre à moi, très-richement chargé, dont j'avais remis à crédit la cargaison à la Virginie, qui me la doit encore presque entière, après plus de douze ans passés.

Kornman. Mais j'aurais cru trop avilir le plus grand acte de ma vie, *l'honorable part que j'ai eue à la liberté de l'Amérique, si* j'en avais mêlé la discussion à un vil procès d'adultère, dont les mensonges les plus grossiers alimentaient sans cesse la très-déplorable instruction. C'est mon mépris, c'est mon indignation qui m'ont fait garder le silence. Il est rompu ; je ne me tairai plus sur ce grand objet, la gloire de ma vie entière.

Ils disent *que mon avarice sordide a causé les malheurs du peuple américain*! Mon avarice, à moi, dont la vie n'est qu'un cercle de générosité, de bienfaisance! et je ne cesserai de le prouver, forcé de dire du bien de moi, puisque leurs farouches libelles ont rendu tant d'hommes injustes.

Pas un seul être alors n'allait d'Europe en Amérique sans m'avoir des obligations pécuniaires, dont presque toutes sont encore dues, et nul Français n'a souffert dans ce pays-là que je ne l'aie aidé de ma bourse.

À ce sujet j'invoquerai le témoignage que vous faites gloire de respecter, Messieurs, celui du très-vaillant général de vos troupes. Demandez-lui si mes services n'allaient pas chercher les Français malheureux dans tous les coins de l'Amérique.

Demandez-lui si mon agent ne sut pas l'avertir lui-même, *de ma part*, que les usuriers du pays lui vendraient l'or à cent pour un, ce dont sa très-grande jeunesse l'empêchait de s'apercevoir ? S'il ne lui fit pas toucher du doigt la dilapidation de sa fortune entière, malgré la dépense modeste à laquelle il se réduisait? s'il ne lui offrit point en mon nom, *suivant les ordres qu'il en avait de moi*, de lui fournir l'argent dont il aurait besoin, qu'il me ferait rendre en Europe au seul intérêt de la loi. Rendez justice à mon bon cœur, *noble mar-*

quis de La Fayette! Votre glorieuse jeunesse n'eût-elle pas été ruinée, sans les sages avis et les avances de mon agent? Vous m'avez bien rendu l'argent qu'on vous a prêté par mon ordre, et, je le dis à votre gloire, en me remerciant à Paris, en achevant de me rembourser, vous avez voulu que je retinsse *cinquante louis* de plus qu'il ne m'était dû par vous, pour joindre cet argent aux charités que je faisais aux pauvres mères qui nourrissent, *pour avoir part à ma bonne œuvre*, dont plusieurs établissements m'ont coûté déjà vingt mille francs. Certes, je ne les regrette point; mais je veux dire du bien de moi, puisque l'on me force à en dire. Rendez-moi justice aujourd'hui, vous, noble général dont j'ai prédit les hautes destinées, lorsque, appelé à Versailles pour essuyer de vifs reproches sur votre fuite en Amérique, à laquelle pourtant je n'avais point contribué, je dis à M. de Maurepas ce mot sur vous, qui est resté : « Cette étourderie-là, Monsieur, est le premier feuillet de la vie d'un grand homme. »

Ce ministre me dit, quelques semaines après, qu'on vous avait fait arrêter près de la Corogne, en Espagne, et que vous aviez feint de revenir en France; mais que, trompant le garde conducteur, vous aviez rejoint le vaisseau où vous attendaient vos amis, et ma réponse fut celle-ci : « *Bon! voilà le second feuillet.* »

Vous avez fait depuis, mon général, de ces feuillets un fort beau livre; mais, d'après ce que vous savez de moi, croyez-vous un seul mot de ce que ces brigands impriment? Pardon, mon général, j'ai invoqué, dans d'autres temps, le témoignage respectable *du comte d'Estaing*, votre ami. Si c'est votre tour aujourd'hui, je puis faire de ma part une fort belle liste aussi de tous les gens de bien que j'ai droit d'invoquer. Et vous, baron *Steuben*, comtes *Poularsky Bienousky*; vous, *Tronçon, Prudhomme*, et cent autres qui m'avez dû la gloire que vous acquîtes en Amérique, sans vous être jamais acquittés envers moi, sortez de la tombe, et parlez, ou vos lettres et vos effets, que j'ai, s'exprimeront en votre place.

Quinze cent mille livres au moins de services rendus remplissent chez moi un portefeuille qui ne sera jamais peut-être acquitté par personne; et plus de mille infortunés, dont j'ai prévenu les besoins, sont tout prêts à lever leurs voix pour attester ma bienfaisance. Entre mille un seul suffira. Parlez, vous, Joseph Péreyra, négociant de Bordeaux, qui m'écrivîtes, en frémissant, du fond des cachots de l'inquisition, près Cadix, où votre état connu de juif vous avait fait jeter, vous exposait à être brûlé vif! Vous vous souvîntes de mon nom, et trouvâtes moyen de me faire tenir une lettre. Mes cheveux, en la recevant, se hérissèrent sur ma tête. Je courus à Versailles, où, pleurant à genoux devant M. le comte de Vergennes, je le tourmentai tant, que j'obtins qu'on vous redemandât, comme appartenant à la France; et je vous arrachai au feu, en vous faisant passer tout l'argent pour votre voyage. Vous êtes un des hommes qui j'ai trouvés les plus reconnaissants; toute votre nombreuse famille m'a écrit pour me rendre grâce. Cette aventure mérite bien que je la cite en mon honneur.

M'accuser, moi, *de sordide avarice!* Je veux prendre encore à témoin de ma froide résignation les vingt-quatre commissaires du district des Blancs-Manteaux, qui me faisaient l'honneur de travailler chez moi à la collecte de la capitation, le jour que l'on prit la Bastille. Un homme effaré entre et dit: « M. de Beaumarchais, deux mille hommes sont dans votre jardin, ils vont mettre tout au pillage. » Chacun, très-effrayé, se lève, et moi je réponds froidement : « Nous ne pouvons rien à cela, Messieurs ; c'est un mal pour moi seul ; occupons-nous du bien public ; » et je les invitai de se remettre en place. Ils sont loin d'être mes amis ; c'est leur témoignage que j'invoque, et je profiterai de ceci pour rendre grâce à ce district. Quelqu'un ayant couru y dire qu'on allait piller ma maison, quatre cents personnes généreuses en partirent pour défendre ma possession attaquée ; mais le mal était apaisé quand ces messieurs y arrivèrent. Voilà comment mon avarice et mon ingratitude se montrent en toute occasion.

Le tiers de ma fortune est dans les mains de tous mes débiteurs : et depuis que j'ai secouru les pauvres de Sainte-Marguerite, quatre cents lettres au moins sont là sur mon bureau, d'infortunés levant les mains vers moi. Mon cœur est déchiré, car je ne puis répondre à tous. Pendant que les brigands de la forêt de Bondi, entrés par le district des Récollets dans cette ville, me poursuivent avec grand bruit, les malheureux de l'intérieur me crient : *Homme bienfaisant, jetez sur nous un regard de pitié!* C'en est trop, je n'y puis tenir : et j'offre ici de faire la preuve que tel qui dit du mal de moi n'est qu'un malheureux salarié par tel monstre qui m'a les plus grandes obligations : ou c'est ce monstre-là lui-même, ou des gens entraînés qui ne m'ont jamais vu ni parlé. Cette rage est poussée aujourd'hui jusqu'à la démence.

Allons, mes braves adversaires, voilà de quoi vous exercer. Répétez à quelques Français qu'un peu de jalousie tourmente, que tout cela n'est qu'un vain conte. Oh! quel plaisir j'aurai de bien prouver à ces gens-là ce que j'ai fait pour l'Amérique ingrate... ou peut-être trompée ; car je ne sais encore lequel !

Mais, citoyen d'un Etat libre,
Je mettrai l'univers entre ce peuple et moi.

Et vous, nobles concitoyens, tous membres, ainsi que moi, de la Commune de Paris, mes pairs et mes *jurés*, enfin, donnez un généreux exemple *d'un bon jugement par jurés*, prononcez sur la cause que je vous ai soumise ; mais prononcez très-promptement, *comme vous vous y êtes engagés*. Savez-vous que, pour un homme qui souffre, quinze jours écoulés font déjà vingt et un mille six cents minutes ? car c'est ainsi que l'indignation douloureuse fait le calcul de son attente. Si je suis *traître à la patrie*, ne me faites point de quartier ; je leur fais grâce des injures, ne nous attachons qu'à des faits.

Pendant cette affreuse anarchie, pendant ce terrible intervalle entre la loi qu'on a détruite et celle que l'on va créer, je ne sais pas encore comment un citoyen blessé peut avoir raison d'un district qui se rend coupable envers lui de la plus noire calomnie. Où porter ma plainte ? où l'instruire ? à quel tribunal, en un mot, pourrai-je en obtenir justice ? les atrocités sont au comble, et toutes les lois sont muettes.

Puisque vous avez accueilli toute leur inculpation diffamante, *vous ne pouvez rejeter ma justification*. C'est au nom de la liberté que je vous demande vengeance. Si les brigands qui brûlent les châteaux appellent cela *liberté*, cette canaille plumitive qui flétrit les réputations nomme aussi cela *liberté* ; permettez donc que je l'invoque, cette *liberté* précieuse, pour obtenir au moins un jugement de vous. Le mépris que je fais de mes accusateurs ne vous dégage point du devoir *imposé* de prononcer entre eux et moi. Vous ne souffrirez pas qu'on dise *que mes grands ennemis sont dans votre assemblée*, ni que l'on vous applique l'apophthegme si dur de ce grand penseur, l'abbé *Sieyes : Ils veulent être libres, et ne savent pas être justes.* Ma confiance en votre équité ne me permet pas de la craindre.

Non que je vous demande à rester parmi vous, je n'ai rien fait pour y entrer; mais NUL ICI N'A DROIT DE M'EN EXCLURE, si l'on ne prouve pas :

Que je suis traître à la patrie ;
Que je me suis lié avec vos oppresseurs ;
Que j'ai été chassé d'un district ;
Que j'ai fait des intrigues pour être député d'un autre ;
Que j'ai accaparé des grains ;
Que j'ai promis douze mille fusils au prévôt des marchands Flesselles ;
Que j'ai chez moi des souterrains qui conduisent à la Bastille ;
Que j'ai déshonoré la France dans mes relations d'Amérique ;
Que mon avarice sordide a causé les malheurs de ce peuple.

Car voilà les imputations de cette nuée de libellistes qui a fondu sur moi comme une plaie d'Egypte. Ah! faites-moi justice de tant d'horreurs accumulées, et je remets modestement cette dignité qu'on envie. Tant de gens m'en semblent avides, qu'un homme las qui se retire doit trouver grâce devant eux!

Des accusations si étranges pouvaient seules excuser le témoignage que je me rends, et les aveux qu'un vil complot m'arrache. Deux ans plus tôt ils eussent été sans fruit, imprudents, même impolitiques. Deux ans plus tard, la constitution achevée et le corps des lois décrété mettant tout citoyen à l'abri des lâches atteintes, ils ne seraient qu'un jeu de misérable vanité. Ce moment seul, livré aux délations, aux calomnies, aux désordres de tous les genres, permet peut-être à la fierté blessée de s'écarter du silence modeste que tout homme doit s'imposer sur ce qu'il a fait de louable, et surtout, Messieurs, quand l'oubli, quand le retard d'un jugement, par vous *si solennellement promis*, semble autoriser quelque plainte, est inexplicable pour tous, et rend le public inquiet sur les motifs qui vous ferment la bouche. N'en doutez point, Messieurs, il y va de l'honneur de votre nombreuse assemblée de tenir parole à ses membres, quand vous croiriez ne rien devoir à un citoyen poignardé qui réclame votre secours.

Dans l'attente de votre décision, je suis, avec le plus profond respect,

Messieurs,

Votre, etc.

Caron de Beaumarchais.

Paris, ce 2 septembre 1789.

POST-SCRIPTUM

Du 5 septembre.

Au moment où j'achève d'imprimer cette requête, je reçois deux écrits qui, bien que différents, se prêtent un mutuel secours. L'un est une motion imprimée, par laquelle un sieur *le Marchant* félicite naïvement le district des Récollets de la conduite honnête qu'il a tenue envers moi. Ce sieur *le Marchant* ne doute point qu'une pareille conduite n'honore à jamais ce district. On voit que c'est un fort bon homme.

L'autre est une lettre anonyme d'une écriture contrefaite, et figurée ainsi :

On dit que tu réponds, misérable. Si tu fais le moindre effort pour sortir de l'état où nous voulons que tu restes, tu ne sera pas en vie dans huit jours. Le papier semblable à cette lettre servira de réponse au tien, et tu n'aura pas même l'honneur du réverbère. (A monsieur Beaumarchet, etc., à Paris.)

Et cette lettre est écrite sur le revers *d'un billet d'enterrement*. Certes, le district des Récollets a là d'honorables champions ! Il faut convenir aussi que la petite poste est une merveilleuse invention pour les donneurs de bons conseils ! J'ai gardé l'avis imprimé de l'obligeant sieur *le Marchant*; mais j'ai porté celui de l'autre galant homme au commissaire *Defresne*, en le priant de joindre cette pièce à toutes les autres du dossier de mes plaintes au criminel. Et pour servir ces messieurs à leur gré, j'ai fait presser mon imprimeur ; car je voudrais être jugé avant qu'ils exécutent leur noble plan sur ma personne.

O citoyens ! quels fruits de la liberté ! Ce sauvageon amer a grand besoin d'être greffé sur de sages lois réprimantes !

Caron de Beaumarchais.

NOTE ADDITIONNELLE

Du 6 septembre.

Le commissaire *Defresne* me fait remarquer ce matin que le *billet d'enterrement* dont on a pris moitié pour m'écrire cette infamie, est celui d'un citoyen mort au mois de juillet dernier, *dans le district des Récollets*, et *enterré à Saint-Laurent*. Ainsi le style et l'écriture de l'anonyme, *en tout pareils* à d'autres que j'ai reçus pendant le procès Kornman; la demeure de ce dernier ET AUTRES, dans la rue *de Carême-Prenant*, dont les Récollets sont très-proches; le billet d'enterrement d'un homme de ce district employé pour m'écrire (*quel raffinement d'horreurs! choisir un papier mortuaire pour faire la menace d'un meurtre!*); l'identité des termes de la motion des Récollets avec ceux de libelles dont j'avais déjà rendu plainte; les preuves faites contre les payants et les payés de ces libelles correspondants (et je les nommerai tous, afin qu'ils soient connus); toutes ces circonstances rapprochées pourront mettre un jour mes héritiers, à mon défaut, ou moi sur la voie de ces scélérats, quand nous aurons des tribunaux.

Cependant, braves ennemis, vous entendez mal votre affaire. Assassiner un homme est sans doute un moyen certain pour lui faire perdre en un moment *sa représentation à la Ville*. Mais n'est-ce pas le plus faible de tous les arguments quand il s'agit de prononcer sur lui?

Et vous, Messieurs de la Commune, qui augmentez leur audace et ma peine par un oubli de dix-neuf mortels jours; vous qui, suspendant mes fonctions *pour délibérer sur ma plainte*, m'avez puni avant de juger, ne voulez-vous plus me juger parce que vous m'avez puni! on en usait ainsi à la Bastille. Ah! n'oubliez jamais que vous l'avez détruite pour substituer des jugements légaux à des vengeances arbitraires!

CARON DE BEAUMARCHAIS.

PRÉCIS ET JUGEMENT DU PROCÈS

DE P.-A. CARON DE BEAUMARCHAIS

Membre de la représentation de la commune de Paris

Sur la dénonciation faite à l'assemblée de la commune, le 19 août 1789, d'une rixe entre *Caron de Beaumarchais* et un autre membre de la même assemblée, présent, et sur l'explication donnée par M. de Beaumarchais de cette rixe, en priant l'assemblée de vouloir bien porter ses regards très-sévères sur plusieurs motions diffamatoires faites et imprimées contre lui, dans le district des *Récollets* et autres qu'il dénonçait, et dont il rendait plainte à l'assemblée, est intervenu l'arrêté suivant :

Extrait du procès-verbal de l'assemblée des représentants de la commune de Paris.

Du mardi 19 août 1789.

L'assemblée, délibérant sur la dénonciation faite de propos violents tenus contre un de ses membres, par M. Caron de Beaumarchais ; ensemble sur les différentes inculpations portées par plusieurs districts contre lui, et sur lesquelles il a demandé lui-même à se justifier, a arrêté que le sieur de Beaumarchais s'absenterait de l'assemblée jusqu'à ce qu'elle ait prononcé sur les faits ci-dessus détaillés.

Signé : Vauvilliers et Blondel, *présidents*.
De Joly, *secrétaire*.

L'assemblée a nommé quatre commissaires pour faire les enquêtes, et son jugement en étant retardé, M. de Beaumarchais lui a présenté, le 6 septembre, une requête imprimée tendant à obtenir une justice prompte et définitive. L'assemblée a bien voulu y avoir égard ; il en a reçu le 14 l'invitation suivante :

Assemblée des représentants de la commune de Paris.

M. Caron de Beaumarchais voudra bien se rendre demain, à dix heures du matin, à l'assemblée des représentants de la commune, pour être entendu. Ce lundi 14 septembre 1789.

Signé : Vauvilliers, *président*,
Brousse de Faucherets, *secrétaire.*

M. de Beaumarchais s'est rendu, au jour et à l'heure indiqués, dans la salle de l'assemblée ; et toutes les pièces du procès ayant été mises sur le bureau, pour qu'il en prît une connaissance légale, et les discutât publiquement, il a, dans un plaidoyer d'environ une heure et demie, démontré l'absurdité, la *calomnie*, le vice et l'odieux de toutes les imputations qui lui étaient faites par des gens qu'il n'a jamais vus ni connus ; et, lui retiré, l'assemblée, ayant mûrement délibéré sur les attaques et la défense, a prononcé le jugement qui suit :

Extrait du procès-verbal de l'assemblée des représentants de la commune de Paris.

Du mardi 15 septembre 1789.

L'assemblée, après avoir pris lecture des pièces mises sur le bureau, contre M. Caron de Beaumarchais, et l'avoir entendu dans sa justification ;

Déclare que rien ne s'oppose à ce que M. de Beaumarchais reprenne sa place dans l'assemblée.

Signé : Vauvilliers, Blondel et Vincendon, *présidents*.
De Joly, *secrétaire.*

M. de Beaumarchais a remercié l'assemblée, et a repris à l'instant sa place entre les honorables membres qui venaient de l'en juger digne. Et le souffle des gens de bien a fait évanouir les fantômes hideux qui la lui disputaient.

Je certifie tous les extraits de l'assemblée des représentants de la commune conformes aux originaux dans mes mains. Ce 18 septembre 1789.

Signe : Caron de Beaumarchais.

FIN DU CINQUIÈME ET DERNIER VOLUME

DESACIDIFIE
à SABLE : 1994

Paris. — Imprimerie Nouvelle (assoc. ouv.), 11, rue Cadet;
A. Mangeot, directeur

www.ingramcontent.com/pod-product-compliance
Lightning Source LLC
Chambersburg PA
CBHW060201100426
42744CB00007B/1119